高等院校财务会计专业实践教学研究

武莹莹 王 妍 徐冬茹 著

东北林业大学出版社
Northeast Forestry University Press
·哈尔滨·

版权专有　侵权必究

图书在版编目（CIP）数据

高等院校财务会计专业实践教学研究/武莹莹,王妍,徐冬茹著.--哈尔滨:东北林业大学出版社,2024.2

ISBN 978-7-5674-3477-6

Ⅰ.①高... Ⅱ.①武...②王...③徐... Ⅲ.①财务会计－教学研究－高等学校Ⅳ.①F234.4

中国国家版本馆CIP数据核字(2024)第048036号

责任编辑：	姚大彬
封面设计：	郭　婷
出版发行：	东北林业大学出版社
	（哈尔滨市香坊区哈平六道街6号　邮编：150040）
印　　装：	北京四海锦诚印刷技术有限公司
开　　本：	787 mm×1092 mm　1/16
印　　张：	8
字　　数：	185千字
版　　次：	2024年6月第1版
印　　次：	2024年6月第1次印刷
书　　号：	ISBN 978-7-5674-3477-6
定　　价：	52.00元

如发现印装质量问题，请与出版社联系调换。

前　　言

　　知识经济的发展和现代企业制度需要高素质、高层次的会计应用型人才，高等学校会计专业的课程设置和教学显得尤为重要。如何培养会计专业的学生运用所学的知识分析和解决现代企业实际工作中的问题是高等院校财务会计专业的教学重点，高等学校会计专业的教学应该以实践教学改革为突破口，以精品课、优秀课建设为重点，以教学计划为基础，以教学内容、教学方法，教学手段为落脚点的教学改革思路和工作方案。

　　在互联网时代下，高等院校会计专业实践教学得到了全面的革新，更在很大程度上推动着会计专业实践教学的创新与发展。首先，会计专业实践教学的资源更加丰富，高等院校会计专业实践教学的内容得到了全面的拓展和延伸。一系列精品课程网站、微课网站等学习网站的出现，为会计专业实践教学提供了充分的课程资源，也为学习者提供了分享与交流的空间。可以结合自身的需求来进行深入全面的学习。尤其是一些免费的课程资源，为会计专业的学生提供了丰富的内容，还有一些试用类型的会计专业软件，也提升了会计专业人才的整体实践能力。其次，会计专业实践教学的方式也得到了有效拓展。教师不再依托于传统的教学方式，而是积极运用全新的教学方法，通过多媒体视频播放功能，来重点讲解课程资源，引导学生快速精准把握课程核心。最后，高等院校会计专业实践教学模式得到了全方位的创新和发展。传统的会计专业实践教学模式，以教师为主体，学生被动性地接受教师的安排和引导，学习质量不高，难以个性化开展学习实践。学生在进行会计专业实践学习的过程中，能够积极利用微课、慕课等方式来进行学习。同时，教师也可以利用微课、慕课、翻转课堂等教学模式来全面提升会计专业实践教学的整体水平。

　　本书主要研究高等院校财务会计专业实践教学，会计专业作为一种传统的专业，在高等教育新兴模式下，无论是教育理论、教学体系、教学手段、教学方式、能力教育与素质教育都需要改进、本书结构清晰、内容流畅、思维缜密、逻辑性强，详细论述了高等院校财务会计专业实践教学的相关内容，对当前进一步加强会计人才培养具有十分重要的参考价值。

目 录

第一章 会计教学概述 ………………………………………………………（1）
    第一节 会计教学的概念 …………………………………………………（1）
    第二节 会计教学的目标 …………………………………………………（4）
    第三节 会计教学的原则 …………………………………………………（17）

第二章 高校会计专业教学体系 ……………………………………………（30）
    第一节 高校会计教学有效性评价体系 …………………………………（30）
    第二节 高校会计专业的实践教学体系 …………………………………（40）

第三章 高校会计专业教学手段与方法 ……………………………………（53）
    第一节 高校会计教学的基本手段 ………………………………………（53）
    第二节 高校会计教学的基本方法 ………………………………………（66）

第四章 高校会计专业能力与素质教育 ……………………………………（80）
    第一节 高校会计能力教育 ………………………………………………（80）
    第二节 高校会计素质教育 ………………………………………………（90）

第五章 应用型人才培养视角下会计教学改革的发展思路 ………………（95）
    第一节 会计专业人才培养模式实践 ……………………………………（95）
    第二节 应用型会计专业人才培养的实施路径 …………………………（105）
    第三节 会计教学改革的发展思路 ………………………………………（110）

参考文献 ……………………………………………………………………（120）

第一章　会计教学概述

第一节　会计教学的概念

会计学的研究对象包括会计的所有方面，如会计的性质、对象、职能、任务、方法、程序、组织、制度、技术等。会计学用自己特有的概念和理论，概括和总结它的研究对象。会计学是一门实践性很强的学科，它既研究会计的原理、原则，探求那些能揭示会计发展规律的理论体系与概念结构，又研究会计原理和原则的具体应用，提出科学的指标体系和反映与控制的方法技术。会计学从理论和方法两个方面为会计实践服务，成为人们改进会计工作、完善会计系统的指南。

会计学的产生和发展是与近代会计的形成及发展密不可分的。在欧洲，早在12～13世纪，意大利的商品货币经济已比较发达，借贷复式簿记已出现于热那亚、威尼斯等城市。1211年意大利佛罗伦萨银行已用借贷复式记账法记账，当时人们称这种记账法为"威尼斯簿记法"。

20世纪初，在产业革命发源地英国，先后出版了狄克西的《高等会计学》、里斯尔的《会计学全书》等书。这几本会计著作的出版，说明会计理论研究已从局限于记账、算帐的簿记向包括记账、算帐、报帐、查帐的会计转变，初步建立了现代会计学。

20世纪以来，会计表分析和成本会计学等新的会计学分科相继出现。到了50年代，由于生产规模的日益社会化和生产技术与经营管理的迅速现代化，在工业发达的西方国家，一方面，电子计算机引进会计领域，促进会计数据处理电算化的研究；另一方面，传统的企业会计学分化为财务会计与管理会计两门相对独立的学科。

会计学主要是由会计学原理、专业会计学和会计发展史组成。专业会计学可按不同的标志进行分类：按国民经济各部门对会计知识的不同要求和特点，可分为工业会计学、农业会计学、商业会计学等。按照会计知识所包括的不同内容，如对不同性质、不同用途的会计信息的研究，可分为财务会计学、管理会计学和成本会计学等。按照会计知识涉及不同范围的会计主体，又可分为微观会计学（企业会计学）、宏观会计学（社会会计学）、国际会计学等。

在中国对会计的解释有"管理活动论"、"工具方法论"和"经济信息系统论"等三种主要不同观点。按照"管理活动论",会计是一种管理活动,会计学就是一门经济管理科学;按照"工具方法论",会计是一个反映和控制生产过程的方法和工具,会计学应当视为一门为经济管理服务的方法学或方法论的科学;按照"经济信息系统论"会计是一个以提供财务信息为主的经济信息系统,会计学应当既是一门经济管理科学,又是一门方法论的科学。

会计学作为应用学科,应用型是人才培养的基本要求。应用型人才培养要求学生形成会计专业能力框架,具备会计业务处理和会计事务管理等实践能力。复合型人才培养要求学生将跨学科、跨专业的知识融会贯通,培养学生多学科交融的知识视野和思维素质。外向型人才培养要求学生掌握国际前沿的学科理论知识与方法,了解国际经贸规则及会计准则,具有国际视野、跨文化沟通能力和国际竞争力。创新型人才培养要求学生通过初步的学术训练,具有一定的学术研究能力,或社会实践中的创新意识和创新能力。

为适应经济社会不断发展的实际需要,培养目标可以定期进行评估与调整。开设会计学专业的高校,应根据自身专业定位和优势,在办学理念、培养模式、行业领域、服务区域、人才规格等方面明确特色,以满足各行各业对专业人才的需求。

一、会计

会计有两层意思,一是指会计工作,二是指会计工作人员。会计工作是会计从业人员根据会计相关法律法规、会计准则对本单位的经济活动进行核算和监督的过程。会计工作人员是从事会计工作的专职人员,按照职位和岗位分为会计部门负责人、主管会计、会计、出纳等;按照专业技术职务分为高级会计师、会计师、助理会计师、会计员等。

我国从周代开始就有了专设的会计官职,掌管赋税收入、钱银支出等财务工作,进行月计、岁会。每月零星盘算为"计",一年总盘算为"会",两者合在一起即成"会计"一词。

(一)会计对象

会计对象是指会计核算和监督的内容,具体是指社会再生产过程中能以货币表现的经济活动,即资金运动或价值运动。

(二)基本特征

会计有五个基本特征:①会计是一种经济管理活动;②会计是一种经济信息系统;③会计以货币作为主要计量单位;④会计具有核算和监督的基本职能;⑤会计采用一系列专门的方法。

(三)会计目标

会计目标也叫做会计目的,是要求会计工作完成的任务或达到的标准。会计的目标是向财务会计报告使用者提供与企业财务状况、经营成果和现金流量等有关的会计信息,反映企业管理层受托责任履行情况,有助于财务会计报告使用者做出经济决策。

（四）会计职能

1. 会计的核算职能

会计的核算职能也称为会计反映职能，是指会计以货币为主要计量单位，对特定主体的经济活动进行确认、计量和报告。会计核算贯穿于经济活动的全过程，是会计最基本的职能。

记账、算账、报账、分析是会计执行核算职能的主要形式，将个别、大量的经济业务，通过记录、分类、计算、汇总、转化为一系列经济信息，使其正确、全面、综合地反映企业单位的经济活动过程和结果，为经营管理提供数据资料。

2. 会计的监督职能

会计监督职能又称会计控制职能，是指对特定主体经济活动和相关会计核算的真实性、合法性和合理性进行监督检查。监督的核心就是要干预经济活动，使之遵守国家法律、法规，保证财经制度的贯彻执行，同时要从本单位的经济效益出发，对每项经济活动的合理性、有效性进行事前、事中、事后监督，以防止损失或浪费。

3. 拓展职能

（1）预测经济前景。预测经济前景是指根据财务会计提供的信息，定量或定性地判断和推测经济活动的发展变化规律以指导和调节经济活动，提高经济效益。

（2）参与经济决策。参与经济决策是指根据财务会计提供的信息，采用专门的方法，对各种备选方案中选出的最经济可行的方案进行分析，为企业经营管理等提供决策。

决策在现代化管理中起着重要的作用，正确的决策可以使企业获得最大效益，决策失误将会造成重大损失与浪费。决策必须建立在科学预测的基础上，而预测与决策都需要掌握大量的财务信息，这些资料都必须依靠会计来提供。因此，为企业取得最大经济效益奠定基础的参与决策职能，是会计的一项重要职能。

（3）评价经营业绩。评价经营业绩是指利用财务会计提供的信息，采用适当的方法，对企业一定经营期间的资产运营、经济效益等经营成果，对照相应的评价标准，进行定量及定性对比分析，做出真实、客观、公正的综合评判。

二、会计教学

这里所说的"会计"，指的是会计学专业的系列课程。为了为社会培养合格的会计专业人才，各高校必然会为会计系、科、专业的学生开设一系列的专业课程，如初级财务会计学、中级财务会计学、成本会计学、会计理论专题、管理会计学、非营利单位会计、财务管理学、审计学、财务分析学、电算会计学、国际会计学、资产评估学等。这些课程，有的属于传授会计理论知识的，有的属于训练会计实践能力的，它们共同为完成会计专业人才培养目标而服务。因此，这里所说的"会计"，实际上是会计学专业课程的总和与总称。尽管它包括每一门单一的会计课程，但指的并不仅仅是某一门单一的会计课程。

与之相应，我们所说的"会计教学"，指的便是高校会计学专业所开设的会计专业课程的教学,包括会计理论课程的教学与会计实践课程的教学。当然,高校的会计教学,既有博士生层次的会计教学,也有硕士生层次的会计教学,既有本科生层次的会计教学,又有专科生层次的会计教学。由于博士生层次与硕士生层次的会计教学带有明显的学术探索色彩与以学生自我探讨为主的特色,而且教学内容的研究领域更为精细,教学对象的人数相对有限,难以按班级授课制形式教学,教学时更关注会计理论的发展与建设,而不大关注会计实践能力的培养,即它们不属于以培养会计从业人员为主的教学体系,因此博士生与硕士生层次的会计教学没有涵盖在这里所说的"会计教学"概念范畴里。这样,我们所说的"会计教学",便专指高校本、专科层次的会计专业课程的教学。

目前,我国有相当一部分中专学校和职业高中也开设了一系列会计专业课程,甚至一些课程的名称与所使用的教材也与高校的一致,但是必须说明,我们所说的"会计教学"并不包括中专学校和职业高中的会计专业课程的教学。因为无论是中专学校,还是职业高中,都属于中等学校,而非高等学校。同时,随着我国办学体制的改革,中专学校正在逐渐削减,由本、专科学校取代,因此,即使把它们纳入本书所指的"会计教学"中来,意义也不是很大了。

第二节　会计教学的目标

一、目标的概念

目标,指的是射击、攻击或寻求的对象,也指想要达到的境地或标准。目标是对活动预期结果的主观设想,是在头脑中形成的一种主观意识形态,也是活动的预期目的,为活动指明方向。其具有维系组织各个方面关系、构成系统组织方向核心的作用。

任何实践活动都有鲜明的目标,或者说没有鲜明目标的实践活动都将归于失败。目标既是实践活动的出发点,又是实践活动的最终归宿。一旦有了明确的目标,实践活动的目的性便会生动地表现出来,走向成功的概率也随之提高。

学校教育是一种以培养人与改造人为己任的实践活动,当然有其鲜明的目标。这一点,在我国古代就已形成共识。儒家经典著作之一的《大学》,下笔便开宗明义地提出:"大学之道,在明明德,在亲民,在止于至善。"其中,提到的"明明德""亲民""止于至善",便是学校教育的三大基本目标。另一本儒家经典著作《中庸》,也就学校教育的目标进行了具体阐述,明确指出学校教育具有八大基本目标:"格物、致知、诚意、正心、修身、齐家、治国、平天下。"到了今天,我们的学校教育目标便明确地界定为:"使受教育者在德、智、体、美、劳等方面得到全面发展。"当然,这些教育目标的说法,都是针对学校整体教育而言的,并没有区分出大、中、小学的不同,也没有考虑各门学科教学的差别,也就是说,无论大、中、小学,也无论是何种学科,其教育教学的目标从整体上说都是一致的。

但是，大、中、小学的教育与教学，由于学生对象的年龄与心智不同，其培养目标也应该有所区别；各门学科的教学，由于其性质与内容有明显不同，其教学目标也应该有所区别。也就是说，尽管都可以概述为"使受教育者在德、智、体、美、劳等方面得到全面发展"，但是其德、智、体、美、劳的具体内涵与发展程度是有所区别的。我们这里研究的会计教学的基本目标，首先属于大学教育的一个组成部分，应该体现大学教育的整体目标，而与中、小学教育的整体目标有明显区别；其次属于会计学科的教学目标，应该表现出与其他学科教学目标的区别，而具有自己鲜明的特色。

大学教育不是基础教育，而是一种职业技能教育。大学的任何专业都是为培养这个特定专业所需要的人才服务的。经济生活中，既然存在着会计这样一种工作，就需要专门人员去从事这个工作，于是会计便成为一种职业。任何人想要从事会计职业的工作，都必须具备会计职业的工作技能。而要想获得这种会计职业的工作技能，除了接受会计专业的教育与从事会计实践工作以外别无他法。这样一来，大学的会计专业应运而生。所以，会计教学的基本目标应该是提高学生的综合能力。其中，主要是提高学生的会计职业技能，使其成为一位合格的、在不断变化的会计环境中能够胜任会计工作的从业者。

长期以来，人们都在思考与讨论一个问题：大学教育到底是"通才"教育还是"专才"教育？有人认为是"通才"教育，大学要使大学生博古通今，文理兼通；有人则认为是"专才"教育，大学要使大学生经世致用，专务职业。其实，"通"也好，"专"也好，应该是互相结合，而不是互不相容的。就大学生个人而言，应该是既"专"且"通"。不"专"，他便难以胜任本职工作；不"通"，他则难以左右逢源，开拓创新，发展提高。但是，"专"是基础，"通"是发展，"专"是基本要求，"通"是高要求，所以既"专"且"通"的同时，又是先"专"后"通"。就大学而言，应该首先是"专才"教育，其次才是"通才"教育。大学是培养专门人才的地方，因此大学教育首先是"专才"教育。但是，大学里所训练的职业技能不同于以体力劳动为主要成分的职业技能，而是一种以脑力劳动为主体成分的职业技能，它要求所培养的人才，既能胜任这种职业，又能出谋划策，参与管理，即具备综合素养。因此，大学教育在做好"专才"教育工作的同时，还必须锻炼学生的综合素养，体现"通才"教育的特色。这表明，大学教育，包括会计教育，既是一种"专才"教育，也是一种"通才"教育。它说明，大学教育的目标，包括会计教育的目标，不是单一的，而是存在着一定结构的复合体。

二、会计教学目标确定的依据

从教育目标到教学目标，存在着一种结构性的转换。教育目标可以借助课程设置、教材编写、教学组织、实践训练、活动开展等途径而得以实现；教学目标则只能借助教学组织去实现。可见，教育目标大于教学目标，也包括教学目标。

必须指出，会计的教学目标与教育目标是相关和一致的，而且只有借助教学目标的实现才能最终保证教育目标的实现。由此可见，前面所引用的表述，又可以用来作为分析会计教学目标的依据。

任何学科的教学都是教师教学生的一种活动。在某门学科的教学活动中，学生总是学习的主体，而教师则总是为学生的学习服务的。教师的教，实际上是一种服务。这种服务，既包括介绍与引导，也包括训练与扶持，还包括评价与纠错，其核心总是指向学生的学习。这里探讨会计教学的基本目标，是站在会计教学的教师角度进行的，目的在于帮助会计专业的教师明确自己所从事的教学活动的目标，但是这个目标从何而来，则是由学生的学习决定的。所以，大学生学习会计课程的目标便成了我们分析会计教学目标的依据。

会计是一项技术性很强的管理活动，涉及许多专门方法和各项会计准则，而这些方法与准则又是随着经济生活的发展而不断发展的。这说明，会计职业所必须具备的专业技能并不是一成不变的，从事会计工作的人员必须不断地学习新知识，掌握新的会计方法，才能在新的会计环境中立足，才能跟上经济发展的步伐。这一点，在我国目前表现得尤为突出。近年来，随着国内外经济环境与国际经济关系的不断变化，国家经济政策也随之不断进行调整，这带来的是经济业务呈现出的多样性。在科技发展日新月异的今天，新技术正在不断改变原有的经济业务模式与业务开展方法，这使经济业务越来越呈现出快速的创新性。这就要求从事经济管理的人员必须不断学习提高，才能应对这些变化与创新。知识经济也给会计工作带来了巨大的冲击和影响，要求会计人员必须跟上这个进程。如果墨守成规，不能跟进，而只会机械地从事传统会计的确认、计量、记录、报告等，那么在面临新的会计环境时，就会不知所措，难以发挥会计应有的职能。因此，对于会计人员而言，具备一种不断适应经济变化的能力，是一种基本的需求。那么，作为培养会计人才的会计教学，自然也应该将培养这种适应能力看成是基本的目标。所以，经济不断发展的现状、经济法规逐渐完善的现实、知识经济使会计面临的新的环境，也就自然而然成为我们确定会计教学目标的依据。

会计作为一种技术很强的管理活动，既是一种与账目数字打交道的人与物的交流活动，也是一种与人打交道的人与人交流的活动。与人打交道，会计工作便具有了一定的人文色彩。而且，从事会计工作的人员，本身也是一个可变的因素，其道德、心灵、人格的修养也具有明显的人文色彩。能不能与相关部门的职员互相协作，实现良性互动；能不能与其他同事良好相处，共同完成会计管理的任务，也是会计人员综合素养的具体表现。因此，从人的角度来考虑个人的发展、表现与人际适应能力，也应该成为我们确立会计教学目标的依据。

三、会计教学目标的内部结构

会计教学的目标究竟如何呢？我们从分析会计专业大学生的学习目标的角度可以得出结论。会计专业的大学生，来到大学里，直接的目标是学习职业本领——会计理论知识与实际操作技能，以便为毕业后从事会计工作奠定坚实基础。不过，会计工作不同于简单劳动，除了需要掌握系统的会计专业知识与技能以外，还需要体现明晰的职业操守和个人修养，并将这样的操守与修养渗透到职业能力之中。因此，会计专业的大学生，在学习会计知识与能力的同时，也必须使自己的人格得到改善，增强职业意识，具备职业道德，提高职业修养。同时学习又是一种自主的活动，学习者在学习知识与能力的同时，可以获得自主学习的能力、发展评判是非的能力，并激发出怀疑与创新的能力，大学生的学习在这方面表现得更加鲜明。此外，对职业的兴趣、职业的情感等非智力的因素，也必将在学习过程中得到激发与增进，这又反过来可以促进专业学习的进步。这样说来，会计专业的大学生，其学习目标实际上是由三个层面的因素构成的：一是会计知识与能力；二是会计道德与人格；三是会计智力与非智力。按照教学论的观点，知识与能力属于教养，道德与人格属于教育，智力与非智力属于发展。所以，会计专业大学生的学习目标，可以简要地表述为形成教养、接受教育、获得发展。

与会计专业的学习目标相适应，会计专业的教学目标，即会计教师教学生学的目标，可以表述为帮助学生形成会计专业教养、促使学生接受会计人格教育、协助学生获得智性发展。这三者之间构成一种三维结构，在会计教学过程中同步实现。

必须说明的是，在这个三维结构中，基本的维度是两个，即会计专业教养目标与会计人格教育目标，发展目标是这二者的派生物，也是在完成专业教养目标与人格教育目标的过程中附带着同时实现的。

此外，会计教学的直接目标是会计专业教养目标，属于第一层面；会计人格教育目标是建立在会计专业教养目标的实现基础上的，属于第二层面；智性发展目标则是建立在专业教养目标与人格教育目标的实现基础上的，属于第三层面。它们三者之间的关系，好比是一个三级火箭之中每一级之间的关系一样，既是一个整体，又有先后顺序与不同分工，第一级火箭推动和带动第二、三级火箭，第二级火箭配合第一级火箭推动和带动第三级火箭，第三级火箭则延续第一、二级火箭的推动，最终将卫星送入轨道。所以，会计专业教养目标就是第一级火箭，是第一位的目标；会计人格教育目标就是第二级火箭，是第二位的目标；智性发展目标就是第三级火箭，是第三位的目标。

还必须说明，这三大目标在表述的时候，只能分别述说，单独考察，但是在教学操作的时候，则可以而且必须同时实现、一步完成。会计专业的教师有责任与义务在自己的教学过程中，明确这三大目标，并借助自己对教学内容的取舍、对教学方法的运用、对教学重点的选择来同时实现这三大目标。例如，会计教师的教学内容是会计法规，直接的目标便是让学生了解相关法规的原理与内容，并能依据这些法规处理会计事项，但是教师如果强调这些法规的权威性，并提出会计人员必须依法办事，便能同时完成对大学生进行会计职业道德教育的任务，使教育目标得到同步实现，同时教师如果能够在教学中除了介绍法规，还能对这些法规的内容进行评价甚至批判，鼓励大学生为完善这些法规做贡献，便可同时促使大学生形成相应的是非评判能力与怀疑创新能力，使他们的智力因素得到发展。这样，三大教学目标便巧妙地同时得到了结合与实现。这个例子说明会计教学的目标既是整体的、抽象的，又是局部的、具体的；既可在整个会计教学的进程中得到实现，也可在具体内容的教学过程中得到落实。就教学操作而言，会计教学的目标，必须体现到每一章节的教学过程中。实际上，会计教师在教学每一章节时都必须备课，而备课时所编写的教案，首要的就是说明本章节的教学目标。就其具体措辞角度看，每章节的教学目标实际上也就是由三大目标构成的，只是其表述更为具体，更能体现具体章节的内容特征罢了。

了解会计教学的目标结构，有助于会计教师在备课时旗帜鲜明地确定具体教学内容的教学目标。这个教学目标，确定得是否准确、具体、鲜明，并且是否具有可操作性，实际上是会计教师的教学能力是否过关的一个明显标志。

四、会计教学的基本目标

（一）会计专业教养目标

具体来说，会计专业教学的教养目标到底包括哪些知识与能力呢？我们可以分开来考察。

1. 知识

知识是符合文明方向的，是人类对物质世界以及精神世界探索的结果的总和。知识这一词至今也没有一个统一而明确的界定。但是，知识的价值判断标准在于实用性，以能否让人类创造新物质、得到力量和权力等为考量。会计专业知识，是非常宽泛的。从整体上看，它属于会计的专业知识，具有区别于其他专业知识的完整体系，形成了一个相对完备的自足系统。展开来分析，会计的专业知识又是由会计的前提性知识、会计的基础性知识与会计的专门性知识三个部分所构成的。

首先，会计的前提性知识指的是会计工作的环境因素能够对会计人员进行影响与制约而形成的静态知识，它通常以条规的形式与物化的形式出现。具体来说，它包括会计法规知识与会计主体（包括各类组织和企业）知识两大类。在会计法规方面，如颁布的会计法、企业会计制度与会计准则等，均属于会计法规知识。它们是每一个会计人员处理经济业务时必须了解的前提，具有强制性和权威性，必须牢牢掌握，所以属于会计人员从事会计工作所必须掌握的前提性知识。在会计主体方面，如政府与事业单位、工商企业，均有各自的特点与会计核算组织程序，对会计人员开展会计工作也有各自特殊的要求。它们也是会计人员处理经济业务的同时必须了解的前提，同样也属于前提性知识。这样的知识，渗透于会计专业课程的许多具体章节之中，因此会计教师有责任通过自己的教学，让大学生牢固掌握。

其次，会计的基础性知识指的是会计人员从事会计工作必须具备的与专业相关的原理性知识。它包括会计历史知识、经济管理知识、数理统计知识等。这些知识虽然不直接与会计专业能力相关联，却随时影响与制约着会计人员的素质与会计工作的质量，在会计专业课程的教学内容里，也随处渗透着这些方面的知识，所以从事会计专业课程教学的教师有义务让学生在教学中掌握这些知识。

最后，会计的专门性知识指的是与会计工作直接相关的知识，或者说是会计人员所必须掌握的职业知识。它包括会计知识与审计知识两大类，具体包含会计科目、会计账户与借贷记账法、会计凭证、会计账簿与账务处理程序、会计各要素的核算方法、成本核算方法、财务管理原理、审计基础知识、会计信息化知识等。这些知识是会计人员从事会计工作时非具备不可的，也是与会计工作直接相关联的。会计专业课程的大部分内容都包含有这些专门性知识，而且不管大学生将来是从事会计工作还是审计工作，都不能不掌握这些知识。会计教师在教学之中，让大学生牢牢掌握这些知识，便成了一种核心的任务，也可以说是一种核心的目标。

2. 能力

能力是完成一项目标或者任务所体现出来的综合素质。人们在完成活动中表现出来的能力有所不同，能力是直接影响活动效率，并使活动顺利完成的个性心理特征。能力总是和人完成一定的实践联系在一起，离开了具体实践既不能表现人的能力，也不能发展人的能力。会计能力，即会计人员在处理会计事项时所表现出来的熟练程度与有效程度。应该说，会计能力是一个由多方面因素构成的综合体。

会计能力与会计知识不同，其需要的是训练与运用。也就是说，会计知识着眼于了解、理解与巩固，强调熟知与记忆，而会计能力着眼的则是运用，强调反复训练与操作，注重的是熟练性与有效性。由于会计信息系统是对数据按一定程序进行加工、鉴别、传递、生成信息的系统，而实施这个系统必须要有三个步骤，即会计数据的记录与核算、会计数据的鉴别与使用、会计数据的归纳与分析，所以相应地，在处理会计信息的过程中，需要会计人员分别具备三大基本能力，才能胜任会计工作。这三大基本能力便是会计数据的记录与核算能力、会计数据的鉴别与使用能力和会计数据的归纳与分析能力。同时，这三大基本能力也是大学中会计专业课程教学所要培养的职业能力，属于我们所说的"教养目标"的具体成分。

首先，会计数据的记录与核算能力指的是在会计信息系统过程中输入经济业务数据并进行核算的能力。处理经济业务数据是会计部门的基本职责，也是会计人员必须具备的基本能力，主要包括会计核算基础能力和财务会计核算能力。

其次，会计数据的鉴别与使用能力，指的是对会计数据进行分类、排序、汇总、鉴证，并在管理过程中使用这些数据的能力。

最后，会计数据的归纳与分析能力，指的是在会计报表的基础上对会计数据进行汇总与分析，并生成会计信息的能力。

(二) 会计人格教育目标

1. 会计人格教育目标所指

学校是培养人、改变人、塑造人的地方。一个学生，来到学校里，不仅可以通过学习知识获得能力取得长进，而且可以塑造心灵、修炼思想、健全人格、获得培养。如果把学校仅仅看成是传授知识与训练能力的地方，而全然不顾陶冶学生的灵魂，那么学校培养出来的便只能是一些以追求功利目的为己任的行尸走肉，从而使学校教育最终丧失其应有的育人意义。人之所以为人,是区别于行尸走肉的。人,有思想、有道德、有理想、有情操、有审美观、有价值观、有人生观、有世界观。所有这一切,并不是每个人一开始就有的,也不是在进入学校之前就已经具备的;每一个人只有在接受教育的过程中,才能逐渐具备。

同时,人又是群居与交际的动物,每一个人都离不开其他人,都必须与其他人打交道。人类的群居构成了社会分工,也构成了社会秩序。每个人在这个群居的社会里各司其职,共同遵守社会秩序,然后互相尊重,互相依赖,互相服务,形成一个紧密联系、丰富多彩的世界。每一个人,要想生活得更好,除了在竞争中努力之外,不能以破坏社会秩序和牺牲他人利益为代价。因此,对个人来说,教养是一回事,教育是另一回事,而教养与教育是不可分割的。任何一个人,通过形成教养,获得谋生的能力,而通过获得教育,则可以赢得他人的尊重,使自身成为一个健全的人。所以,任何学校,在帮助学生形成教养的同时,必须促使学生获得良好的教育。

就大学来说,培养的是人群中的高素质人员,所以更应该在培养大学生的专业知识与职业能力的同时,使大学生接受最优质的人格教育。会计专业所培养的大学生,将来都是直接参与经济管理工作的,并且与金钱和物质打交道的机会较多,如果为了使自身的生活更优裕而任由自己的贪欲膨胀,使自己成为金钱与物质的奴隶,那么就有可能贪赃枉法,沦为罪人。在市场经济时代,部门利益、单位利益与个人利益直接挂钩,却与国家利益、他人利益、其他部门和单位的利益客观上相冲突,如果会计人员把握不准,利用自己的职权与对业务的熟知,篡改账目、提供虚假信息、欺骗信息使用者、损害国家与他人利益,最终会为法律所不容。另外,在同一个处室工作,如果会计人员不能与其他人员良好相处,互相配合,为领导出谋划策,那么他应该发挥的才干和为单位应该做出的贡献,也难以体现出来。而这一切后果的产生,均与会计人员的专业教养无关,却直接与其人格教育相联系。可见,教育目标与教养目标同样重要,并且缺一不可。

教育人的任务是学校教育方面工作的共同任务,在专业课程的教学过程中,同样也可以完成。大学的会计专业,所有课程的教学均需担此重任。不同的是,会计专业课程的教学更应该旗帜鲜明,当仁不让。并且,会计教师在传授会计知识与训练会计能力的过程中,应该随时随地关注对学生会计人格的教育问题。

2. 会计人格教育内涵分析

对于教育目标,教育界一向有不同看法。对于人的教育,从精神领域来说,中国古代注重的是伦理道德教育,近代加入了审美教育的内容,现代则又加入了政治教育的内容。所以,20世纪50年代后,在相当长的时期内,我们都把人的教育等同于伦理、政治与审美教育,所谓"德、智、体、美、劳全面发展",其中的德育与美育就属于人的精神范畴。在美国,教育家布鲁姆的"教育目标分类学说",将人的精神教育概称为"情感教育",并认为人的情感是由人的兴趣、态度、价值和性格等因素构成的。可见,我国注重的精神教育是建立在人与人的关系基础上的,而美国人注重的情感教育则是建立在个人的个体特征基础之上的。

其实，所谓教育，就是对人的内心的改造。人的内心，从其指向上看，大体有三个方向：一是指向自我，二是指向他人，三是指向物质。这三个指向分别可以体现出人的一些内心品质。其中，指向自我，便形成人的人生观、理想、情操和性格；指向他人，便形成人的道德和情感；指向物质，便形成人的兴趣、审美观、价值观与世界观。这三者之和，可以用一个词来概括，就是人的品格，简称人格。所以，所谓教育，指的就是人格教育。

人格是指个体在对人、对事、对己等方面的社会适应中行为上的内部倾向性和心理特征，表现为能力、气质、性格、需要、动机、兴趣、理想、价值观和体质等方面的整合，是具有动力一致性和连续性的自我，是个体在社会化过程中形成的独特的身心组织。人格大致包括一般人格与特殊人格两个组成部分。一般人格，是人人共有的，所以也可称为基础人格。在基础教育阶段，学校教育对学生的教育，实际就是进行一般人格的教育。对个人来说，不管生活在什么家庭，生活在什么环境，都必须具备的，就是一般人格。比如，积极、乐观、向上的人生观，远大的人生理想，活泼、热情、友善的性格，对世界的根本正确的看法，等等，均属于人人必须具备的一般人格。特殊人格，是有着特殊身份从事特殊工作的人所必须具备的人格。比如，母亲的身份决定了她在子女面前的特殊人格，领袖的身份决定了他在大众面前的特殊人格，商店营业员的服务工作决定了她在顾客面前的特殊人格，教师的教学工作决定了他在学生面前的特殊人格。也就是说，每个人，由于其身份的不同和所从事工作的不同，便会要求他表现出独特的人格。大学教育是为培养具有特定身份和从事特定工作的人服务的，所以对学生人格的培养也主要表现在特定人格方面。因此，可以说，大学的教育目标，主要是培养大学生将来所从事的职业所需要具备的特殊人格，大学教育就是一种特定人格的教育。

会计专业的培养目标，是让大学生具备将来较好地从事会计、审计、财务管理及其他相关经济管理工作的具有一定专业的技能的高素质人才。这个特定的职业教育目标，便要求会计专业要培养具备从事会计、审计、财务管理工作所需要的特殊人格的大学生。在这个问题上，会计专业课程的教学具有不可推卸的责任，会计专业的教师应该也必须在自己的教学过程中，在传授知识与训练能力的同时，有意识地培养这种特定人格。

3. 会计人格教育目标构成

具体来说，会计教学的人格教育目标到底包括哪些特殊因素？这可以从会计工作对会计人员所需具备的工作态度、职业道德与合作精神三个方面分别进行阐述。

第一，任何工作都有其相应的工作态度。会计工作，由于其工作内容与性质的决定性影响，对会计人员的工作态度有特殊的要求。它要求会计人员既认真细致，又求真务实。所谓认真细致，就是要求会计人员对会计账目中的任何数据都认真对待，保证一切会计数据处理都没有丝毫差错，即从会计数据的记录核算，到鉴别使用，再到归纳分析，每一环节都准确无误。会计人员必须比其他职业的工作人员更细心，更冷静，更有条不紊。他写错一个数字，算错一个数据，记错一个数目，登错一个账目，都有可能造成重大损失，所以马虎不得。所谓求真务实，就是要求会计人员处理账目时不受外界因素的干扰，严格依规章制度办事，确保会计信息的真实性与客观性。会计人员处理经济业务时，都必须准确真实。例如，面对报销账目的人员，无论是顶头上司，还是普通职员，都应该一视同仁，实事求是，按原则办事。对会计人员来说，不认真细致，便可能做糊涂账；不求真务实，便可能做人情账。而无论哪种结果，对会计人员自身来说，最终都毫无益处，甚至会惹祸上身。为了强调这两大人格因素，我们的会计教师应该在自己的教学中随时加以引导。在会计专业课程的教学中，教师既要正面强调认真细致与求真务实的必然性、必要性与好处，也要拿反面的事例来证明不认真细致与求真务实的坏处，并以此来潜移默化地影响大学生的心灵，使他们在成为正式会计人员之前就明确自己的职责，端正应有的工作态度，为将来做一个称职的会计人员奠定人格基础。

第二，任何职业都有其相应的职业道德，会计人员也不例外。从其工作性质角度考虑，会计人员的基本职业道德应该是既秉公敬业，又遵规守法。所谓秉公敬业，就是客观公正、爱岗敬业。会计工作关系到不同利益主体的责、权、利，国家、上级主管部门、单位三者之间都存在着利益分配，会计人员如果不能做到客观公正，而是做假账，设置账外账，便缺乏了基本的职业道德，也丧失了基本的人格。会计工作每天与枯燥的数字打交道，对会计人员来说，久而久之，可能觉得枯燥乏味，有时还会头昏脑涨，因而难免产生厌烦情绪甚至产生跳槽想法。所以，对会计人员来说，爱岗敬业，做到干一行，专一行，爱一行，也显得尤为重要。而这可作为其基本的职业人格，或者看作基本的职业道德。所谓遵规守法，就是依法理账，按规章制度办事。会计工作直接与经济管理相关，为了保证其客观、公正、准确、系统、完整，从国家，到行业，从部门，到单位，都制定了一系列的法规制度。这些法规制度都是经过充分讨论酝酿，广泛征求意见，权衡利弊得失，平衡国家、集体与个人之间的利益之后制定出来的，具有强制性和权威性，它们是会计人员处理会计数据的依据，也是会计人员应对各种违法行为的武器，同时是会计人员务必遵照执行的标准。当然，再完善的法律也会有漏洞可寻，再齐全的规章也会有空子可钻，如果会计人员专门寻找这些法规的漏洞，专门摸索这些法规的空当，投机取巧，贪污挪用，将不仅会损害国家利益与部门利益，也会损害单位利益与个人利益。对会计人员来说，依法办事，做到法规面前人人平等，应该成为一种起码的职业道德，也应该成为一种基本的人格。

第三，会计工作作为经济管理工作的一个环节，与其他管理环节密切相关，因而存在着互相协作的问题。这种协作，只能通过相应的管理人员去进行。会计人员，作为经济管理人员之一，自然需要这种协作。搞好这种协作便需要会计人员具有良好的合作精神。这种合作精神，就是我们古人所说的"敬业乐群"中的"乐群"精神。对每一个会计人员而言，这种合作既包括同一处室的会计人员之间的合作，也包括与生产管理、销售管理、人事管理等其他部门之间的合作，还包括与银行、税务、工商部门之间的合作。概括地说，这种合作精神，实际上指的是会计人员的人际沟通意识与协调配合思想。如果没有好的人际沟通意识，而是封闭自我，"各人自扫门前雪，莫管他人瓦上霜"，便不仅不能与同事良好相处，也有损于工作效率的提高。性格开朗，热情主动，替他人着想，予他人方便，不仅能赢得尊重，也有利于提高自身的管理能力与人际协调能力。没有协调配合思想，而是我行我素，便难以确保整盘棋局走活，也难以得到他人的配合，最终受损的还是自己。这样的人际沟通意识与协调配合思想，尽管在大学的会计专业课程的教学中难以得到培养，但是可以得到强调与影响。如果我们的会计教师在自己的教学中随时强调这样的合作精神，并在会计实践教学过程中有意识地锻炼大学生之间的合作精神，便能使我们的教学真正地成为既教书又育人的事业。

(三) 个人智性发展目标

1. 个人智性发展目标所指

在教育学与心理学的范畴中，所谓发展，指的是学校教育使学生在获得教养、受到教育的同时，还得到心理发展。心理发展包括两个方面，一是智力因素的发展，二是非智力因素的发展。其中，智力是一个综合概念，指的是人类个体获得信息和处理信息的能力，也就是人类个体获得知识并运用知识解决实际问题的心理能力。它包括注意力、观察力、记忆力、联想力、想象力、思维力、学习力与创造力等八个具体方面。思维力是智力的核心，学习力是智力的表现，创造力则是智力的最高表现形式。智力的衡量参数叫智商（IQ），智商的高低决定了人类个体的聪明程度，也决定了人类个体的能力水平。非智力是一种个性因素，指的是人类个体的一些意识倾向与各种稳定而独特的心理特征的总和。它与认知无关，却直接与人类个体的行为方式相关。非智力主要包括动机、兴趣、习惯、情感、意志与性格等心理因素。动机与兴趣影响人类个体的行为态度，情感与意志影响人类个体的行为能力，习惯与性格则影响人类个体的行为效果。非智力的衡量参数叫情商（EQ），情商的高低决定了人类个体的行为能力，也决定了人类个体的成功程度。

传统教育理论一般把教学目标概括为教养和教育两个方面，现代教育理论则还提出了把发展作为目标。这个发展，指的就是智商的发展与情商的发展，也就是我们经常说的开发智力、发展个性。在教学过程中，这个发展目标，指的实际就是让学生在既有智力与个性的基础上，在学习知识、形成能力、健全人格的同时，使其智力得到进一步开发、个性得到进一步发展。就学生个体来说，注意力是否集中、观察力是否敏锐、记忆力是否丰富、思维力是否深刻、学习力是否有效、创造力是否新颖，直接影响其学习效果，也最终影响其谋生能力与智慧才干。同样地，学生个体的动机是否强烈、兴趣是否高昂、习惯是否良好、情感是否热烈、意志是否坚强、性格是否正常，也直接影响其学习效果，并最终影响其成功程度与成才高度。在教学过程中，学生的智力因素得到开发，会促使其非智力因素得到进一步发展；反过来说，学生的非智力因素得到发展，又能促进其智力因素得到较好的开发。这样相互促进，共同发展，循环往复，螺旋式上升。所以，在强调开发学生智力的同时，必须强调发展学生的非智力因素。这二者之间，应该互相协调，一致发展。

学校是陶冶人、磨炼人的地方，也是使人变得更加聪明能干的地方。学生来到学校，通过学习，使自身的意志得到磨炼、性格得到陶冶，然后在获得知识、习得能力与人格得到塑造的过程中，使自身的智商得到提高，从而让自己获得全面发展，这可以看成是学生学习的目的。相应地，学校在完成教学与教育的任务过程中，也应该切实地担负起促进学生全面发展的责任。这个任务，需要每一位教师在自己的一切教学与教育活动中加以明确，得到落实。大学的会计教育，照样需要完成这样的任务。对于大学会计专业的会计专业课程，在教学的时候，我们的会计教师也必须将这作为自己明确的工作任务。

2. 个人智性发展内涵分析

我们在回答发展目标所指时，所提到的教育学与心理学范畴的看法，尽管其中智力与非智力概念的外延均比较丰富，但相对来说，仍然是一个抽象的说法。它既没有考虑学生的年龄特征，也没有考虑教学教育的层次，甚至没有考虑教学教育的内容。它针对的是人类个体的整体，也是人类个体的终身。意思是说，人类个体的学习，从整体上说，可以促使其智力得到开发、个性得到发展；从终身角度说，也是为了促使其智商提高、情商发展。

我们谈论大学的会计教学，至少要考虑到大学生的年龄特征，也要考虑到大学的职业教育性质，还要考虑到会计专业课程的教学内容。也就是说，我们要考虑的是，在大学会计专业课程的教学过程中，到底能够使大学生智力的哪些方面得到开发，并使其开发到应有的程度；到底能够使大学生个性的哪些方面得到发展，并使其发展到符合职业要求所需要的水平。要回答这一问题，就需要对智力与非智力之中的因素进行区别与分析。

智力之中，注意力、观察力、记忆力、联想力与想象力这五大因素，对大学生来说属于基础智力。这五大因素，在基础教育阶段就应该并已经得到了较好的开发。可以说，开发这五大智力因素，已经不再是大学教育的主要目标，尽管仍然能够使它们得到一定的开发。相比之下，思维力、学习力与创造力这三大智力因素，对大学生来说，则属于基本智力。它们应该在大学生的学习过程中得到加强与提高。对大学生而言，没有深广的思维力，便难以获得认识事物、分析事物与处理事物的能力，也难以判断是非、真假、善恶与美丑；没有独立的学习力，便难以获得自学的能力，也难以获得主动、积极、有效的探索能力与总结规律发现问题的能力；没有新颖的创造力，便难以获得创造性地处理实际问题的能力，也难以完成创造知识、提出见解的任务，并难以获得敢想敢干、开拓进取的智慧与闯劲。然而，无论是深广的思维力，还是强大的学习力，甚至是新颖的创造力，都是大学生毕业以后，走向工作岗位和继续深造不可或缺的智力因素。大学的会计教育，会计专业课程的教学，对大学生智力的开发也主要集中体现在这三大因素之上。

非智力之中，动机、兴趣与情感这三大因素，对大学生来说也属于基础性非智力。大学生一旦进入大学，并选定所学专业以后，这三大因素便已基本定型。他选择会计专业，动机明确、兴趣集中、情感鲜明。这三大因素，均指向他所选定的会计专业，以及将来所从事的会计工作。只要他不中途转换专业，打算一心一意地在会计领域里工作一辈子，这种动机、兴趣与情感便没有继续强化的紧迫性。尽管也需要在会计专业的教学教育中继续得到强化，但紧迫性并不突出。相比之下，非智力中的意志、习惯与性格这三大因素，对大学生来说，显得尤其重要。因为他将来要从事会计工作，面对纷繁杂乱的数据，没有坚韧顽强的意志不行，没有耐心细致的习惯不行，没有冷静理智的性格也不行。没有坚韧顽强的意志，他就可能知难而退，甚至会三心二意，从而丧失对会计工作的兴趣，也可能处理不好基本会计数据；没有耐心细致的习惯，他就可能内心烦躁，常出差错；没有冷静理智的性格，他就可能难以坚持原则，客观理账，而会产生一些原则性的错误。然而，无论是坚韧顽强的意志，还是耐心细致的习惯，甚至是冷静理智的性格，对会计专业的大学生而言，将来不管是从事财务管理工作，还是会计工作，或者是审计工作，都是不可或缺的。大学的会计教育，会计专业课程的教学，要发展大学生的个性，也主要体现在这三大因素上。

3. 个人智性发展目标构成

具体来说，在会计专业课程的教学过程中，到底能使大学生的哪些智力成分与非智力成分得到发展呢？可以从智力成分的开发与非智力个性成分的发展两个方面来看。

其一，在智力成分的开发方面，我们提出对会计专业的大学生而言，会计教师的教学目标，应该是发展其深广的思维力、独立的学习力与新颖的创造力等三大因素。展开来看，深广的思维力又是由职业判断能力与信息管理能力两方面表现出来的。职业判断能力，指的是会计人员对自己所从事的具体工作进行归类与判断的能力。会计工作的性质与职能，要求会计人员具有敏锐的职业判断能力。面对纷繁复杂的经济业务，是否能够准确地进行职业判断，并对数据准确进行归类，是衡量一个会计人员是否合格的重要标准。当然，敏锐的职业判断能力的最终形成，需要一个较长的实践过程，需要靠经验的不断积累，但是是否为这种职业判断能力的形成打下良好的基础，则是衡量学校教育质量水平的一个重要尺度。要培养大学生这种职业判断能力，需要在教学时尽可能多地让学生了解会计现状、接触会计实务，做到理论联系实际。为此，实行案例教学并加强会计实践训练是很有必要的。信息管理能力，指的是会计人员对会计信息的实际分析和决策能力。现代企业中，各项决策均离不开包括会计信息在内的各项经济信息。会计人员不仅是经济信息的提供者，也是经济信息的综合分析者，他要为企业决策提供综合性分析资料。企业的资金、成本、利润等预测分析，是会计工作的基本任务之一。因此，作为会计专业的大学生，理应具备较强的经济信息综合分析能力。会计专业课程的教学，可以对此进行专项训练。

独立的学习力，是由吸收与运用新知识的能力与跨学科学习的能力两方面表现出来的。吸收与运用新知识的能力，指的是在学习与工作中不断学习新知识的能力，它是终身教育的组成部分，也是自我教育的组成因素。随着时代的变迁，社会的发展，会产生一系列新的知识，也会对会计人员提出新的挑战。只有勤于学习，积极果断地吸收与运用新知识，并把终身受训和不断学习作为自己生活的组成部分，才能跟上时代步伐。对会计专业的大学生而言，不仅要重视大学期间所获得的知识，更要重视在长期的工作实践中不断学习、积累、更新并运用新知识,从而积蓄进一步发展与成长的潜力。大学的会计教师,虽然不可能保证向学生传授的知识能够一劳永逸,却可以保证让学生学会学习,具备独自、主动、有效的学习能力。跨学科学习能力,指的是以专业知识的学习为核心的横跨相关学科知识的学习能力。会计人员,为了胜任会计管理工作,需要掌握一个共同的知识体系。这个知识体系,是会计人员终身教育所涉及的知识领域,范围较广。它不仅包括会计学专业的专业知识体系,也包括会计工作所需要的经济知识与管理知识,以及现代社会从事任何工作都需要的一般科学文化知识。同样地,这样庞大的知识体系,也是处在不断扩充、改进、更新、淘汰的过程之中的,照样需要会计专业大学生在学习专业课程的时候,培养出独立、自主、有效的学习能力。

新颖的创造力,是由会计方法创新能力与会计业务拓展能力两方面表现出来的。会计方法创新能力,指的是在会计工作中,针对新情况,在遵守会计法规的前提下,创造性与艺术性地处理会计信息的能力。随着社会的发展,新经济领域不断涌现,新经济业务也不断出现,会计所面临的环境在不断变化,而教科书的说法往往落后于这样的实际,如果照搬教科书上学到的方法去处理会计事项,就有可能遇到难题。而经济业务是不能不处理的,怎么办?这就需要会计人员合理选择,进行会计方法的研究和会计制度的设计。会计教师虽然无法保证提供创新会计方法的具体经验,却可以在自己的教学中使学生受到启发,形成创新的意识。会计业务拓展能力,是指在法规、准则提供的会计基础操作方法的基础上,善于根据会计主体实际情况及时调整启用的会计科目体系、账务处理程序、采用的会计政策、凭证收集传递的程序与方法等事项,以使会计工作的开展更为科学、会计信息质量更有保障的能力。新的经济体系、新的经济交往方式与电子时代的资金运作方式,都向会计人员提出了挑战,需要会计人员创新进取、大胆改革,从而拓展业务、科学核算。这一点,大学教育本身难以做到让大学生一开始就具备这种能力,但可以让他们具备这样的头脑。所以,会计教师在教学中的启发与引导便有了价值。

其二,在非智力个性成分的方面,对会计专业的大学生而言,会计专业课程的教学目标应该是锻炼大学生坚韧顽强的意志、培养大学生耐心细致的习惯、培养大学生冷静理智的性格等三大因素。

展开来看,坚韧顽强的意志又是由迎难而上的精神与锲而不舍的意志两方面表现出来的。会计工作,环节多、程序多、数据多而且环环相扣,一步都不能出差错。会计人员整日埋头工作,头晕眼花是常事,一不留神,核算差错便会出现,而一旦出现差错便要重新核对与调整,相当麻烦。遇到这样的工作,没有迎难而上的精神,便会被困难吓倒,甚至败下阵来,成为会计工作的逃兵;没有锲而不舍的意志,便会困难重重,进展缓慢,甚至消沉气馁,成为会计工作的懦夫。在这方面,会计专业课程的教师,在自己的教学中有意加以强调与训练,应是一个基本的目标。

耐心细致的习惯,是由仔细核算的习惯与反复核对的习惯两方面表现出来的。会计工作,容易出现差错与漏洞的是记账与登账环节。为了确保这两大环节不出纰漏,需要会计人员仔细核算登录,反复核对,并且养成习惯。经验丰富的会计人员,一般都注重仔细核算与反复核对,并且随时保持清醒头脑,小心翼翼地处置任何一笔账目。说到底,这就是习惯。这种习惯一旦养成,便能减少差错,从而提高工作效率。可见,马虎潦草、心浮气躁,是干不好会计工作的。会计专业课程的教师,在教学时,既可以强调仔细核算与反复核对的重要性与必要性,又可以增加一些必要的训练,并让学生反复核算与核对,以正面与反面例子来影响大学生的心态。

冷静理智的性格,则是由坚持原则的性格与宽厚待人的性格两方面表现出来的。会计工作,无非是既对事又对人的工作。对事要处理往来账目,不管多少,也不管繁简,都应该坚持原则,依法规处置;对人,无论尊卑,也无论内外,都必须热情相待,宽厚相处。这既能够体现出会计人员的性格,也能够体现会计人员的素质。会计专业课程的教学,理当为完善大学生的性格,使其更趋成熟做贡献。这一点,会计教师可以通过强调的方式达到目的,也可以通过以身作则的方式示范性地达到目的。

第三节 会计教学的原则

一、会计教学原则的内涵及其本质

(一) 会计教学原则的内涵

教学原则是根据教育教学目的,反映教学规律而制定的指导教学工作的基本要求。它既指教师的教,也指学生的学,应贯彻于教学过程的终。教学原则反映了人们对教学活动本质性特点和内在规律性的认识,是指导教学工作有效进行的指导性原理和行为准则。教学原则在教学活动中的正确和灵活运用,对提高教学质量和教学效率发挥着重要的保障性作用。

因此,作为教学的指导思想,教学原则既要体现关于教学的观念、观点、认识与看法,又要体现教学的方向、途径、方式与方法。可见,教学原则是一个介于教学理论与教学实践之间的问题。它是教学的指导思想,也是对教学的基本要求。

会计教学原则指的则是各种形态、各个阶段、各门课程、各个环节的大学会计教学的原则。简单地说,大学会计教学的原则,既是会计教学整体的原则,又是会计教学具体操作过程的原则。它要求,一条教学原则一旦提出来,就必须具有全面、广泛的适应性。只适应整体的会计教学原则,或者只适应会计教学某些局部内容的教学原则,都是不能成立的。从这个角度看,会计教学原则又从根本上制约着大学会计教学的理论与实践,这种制约作用贯穿大学会计教学的始终。所以,如果我们要给"会计教学原则"下一个定义,那么便是,会计教学原则是大学会计教学的原理与法则,也是大学会计教学的总的指导思想与基本要求。

（二）会计教学原则的本质

大学会计教学，为什么必须提出几条教学原则来制约会计教师的教学行为呢？把这个问题讲清楚了，会计教学原则的本质便揭示出来了。

为了把这个问题说得更明白一点，还是先打个比喻。一个人住在河西，要到河东去，过河的方式有游泳、乘船、过桥、坐缆车、驾飞行器、挖河底隧道等。他应采取哪种方式为好呢？粗略一想，可能是乘船或过桥，因为这既安全，又省事；既快捷，又节约。仔细一想，则每种方式都可取，只要前提条件具备且适合。如果这个人水性好，天气方面气温又高，而要办的事情又很紧急，他当然可以游泳过河，而不必四处去找船，或绕很远的路去过桥。同样地，如果他家的附近建有缆车、挖有河底隧道，或他自己有一架直升机或者一个热气球，他自然也可以坐缆车、过隧道甚至直接飞过河。那么，在这种种过河方式中，哪种方式更好呢？回答应该是，在特定的条件下，每种方式都可以成为最好的方式。但是，无论采取哪种方式过河都存在着一个共同的选择标准或衡量标准。这个标准，实际上就是这个人过河所必须遵循的原则。如上所述，我们可以从中抽象出的过河原则便是安全、快捷、节省、方便这四条。即无论何时何地，也不管选择哪种方式过河，这个人总是根据既安全又快捷、既节省又方便这四大过河原则来行动的。其实，在生活中，我们每个人都是有意识或者无意识地根据这四条原则来选择过河方式的。因为如果这四条原则中有任何一条没有得到遵循，就有可能费时、费钱、费力，甚至产生生命危险。

这个比喻或例子告诉我们，人类的任何实践活动，都渗透着类似的原则。而且，我们人类在从事这些实践活动时，总会有意识或者无意识地遵循这些原则，按这些原则办事。只不过有的实践活动比较简单，影响力也不是很大，所以我们不必专门探寻出它的办事原则罢了。

但是，复杂的实践活动、大规模人群参与的实践活动、影响力比较大的实践活动，则必须加以研究，找出其中的办事原则。要把大学的会计教学搞好，我们就必须从中抽象出几条相应的原则，并使之得到有意识地而不是无意识地遵循。也就是说，会计教学原则应该成为会计教师教学时必须自觉遵循的行动指南。

至此，我们可以把会计教学原则的本质揭示为，为了把会计教学工作做得更好、更有成效，从会计教学活动和现象的相应特点中抽象出来的，用以指导会计教学实践，而必须自始至终得到遵循的会计教学的指导思想与基本要求。

二、会计教学原则的构成

会计教学的原则到底是哪几条呢？需要指出的是，这里所提出的，大都是适应各类学校与各门学科教学的共同原则，如科学性和思想性统一的原则、理论联系实践的原则、直观性原则、启发性原则、循序渐进原则、巩固性原则、因材施教原则等。这里罗列的诸多教学原则，虽然有着面上的广泛适应性，是各级各类学校与各门学科教师在教学中所必须共同遵循的，但由于它们不足以体现每门学科自身的特点，也没有反映学生对象的年龄与身心特征，所以我们谈论大学的会计教学原则时，不能简单地照搬这些条文，而应该把这些条文与会计教学的实际结合起来，与大学生的身心特征结合起来，再从中抽象出相应的具体的条文。

就会计学科来说，我们使用的"会计"概念，包括会计学专业系列课程，其内容非常专业、复杂和庞大。这使它既不同于基础教育阶段的任何一门学科，也不同于大学里其他专业所开课程所属的学科，甚至也不同于会计专业里所有非专业课程所属的学科。会计学科的内容包括会计、财务管理、审计所属的方方面面，既存在会计、财务管理、审计人员所需的原理、知识与法规，也存在会计、财务管理、审计人员所需具备的技能、道德与心理，我们要提出的会计教学原则，必须体现这些因素。

大学会计学科的教学对象，都是一些20岁左右的大学生。作为成年人，他们的生理、心理与学习能力均与中学生不同，也不同于硕士生与博士生层次的成年人。他们的学习兴趣、学习目标与学习方法都体现出了与众不同的特点。他们对教师的依赖程度、在课堂上的表现方式，以及自学训练的水平也独具特色。正是这诸多因素，直接影响着大学会计教学原则的构成。

如果依据教育学与教学论里提出的共同教学原则，考虑会计学科的性质与特点，充分体现大学生学习的特征，并将这三个方面的因素综合起来研究，我们可以为会计教学提出以下四条基本原则：会计能力培养与会计人格教育相结合的原则；会计原理阐释与会计案例分析相结合的原则；会计知识传授与会计法规传播相结合的原则；会计技能训练与会计心理锻炼相结合的原则。

（一）会计能力培养与会计人格教育相结合的原则

1. 原则的含义

在会计教学过程中，培养大学生的会计工作能力，并对其进行会计人格的教育，使他们既具备实践能力，又具备角色意识，形成会计人格，是大学会计教学的基本目标。在前面我们提出，培养会计能力属于教养目标，而进行会计人格教育则属于教育目标，并且认为教养目标是会计教学的第一目标，而教育目标则是会计教学的第二目标，实际上这两大目标，在教学过程中，是互相结合在一起，并且是同时实现的。因此，所谓会计能力培养与会计人格教育相结合的原则，实际上就是会计教学的教养目标与教育目标相结合的原则。说到底，这条原则的含义是会计教学要在培养大学生的会计能力的同时，使他们的会计人格受到教育，使会计教学达到一举两得的效果。

在教育学与教学论中，这条原则称为科学性与思想性相统一原则，实际上是这一条基本原则在大学会计教学中的具体化。

一条教学原则，一旦被提出来，就应该涵盖会计教学的所有内容与形态。会计教学，尽管也需要传授知识，但是知识是能力的基础，传授知识的目的在于促进能力的习得，所以其教养方面的核心目标还是培养能力。为了表达的方便，我们在这里并没有提到传授会计知识与培养会计人格相结合，但是由于会计知识包容在其会计能力之中，所以我们只需要提到会计能力培养与会计人格教育相结合就行了。当然,理解这条原则的时候,还是应该看到会计知识传授与会计人格教育相结合也包括在会计能力培养与会计人格教育相结合的原则之中。

在会计的教学过程之中,这条原则要求会计教师,不管是教授哪一个专题,还是教授哪一个环节,不管是教其中的哪一门具体会计专业课程,还是教哪门具体会计专业课程之中的哪一个章节,都必须将会计知识的传授、会计能力的培养与会计人格的教育挂上钩,使其同步完成任务。也就是说,会计教师教的是会计知识,培养的是大学生的会计能力,但始终必须装着会计人格教育这根弦,并且不让它与会计知识传授和会计能力培养脱离开来。

2. 原则的确立依据

这一教学原则的提出,主要是基于下列依据:

第一,大学生培养目标的需要。会计专业的大学生,需要获得全面发展。这其中,既包括获得专业知识与形成专业能力,也包括怡情养性、陶冶心灵、得到人格完善,当然也包括智力与个性的相应发展。人与动物的相同之处在于均需学会谋生的能力,人与动物的不同之处在于人还需要在获得谋生能力的同时使心灵得到塑造、人格得到完善。对会计专业的大学生而言,获得专业知识与形成专业能力就是学会谋生的能力,以便将来能找到工作,谋求生存。但是,他的谋生,只能在人类社会之中进行。他必须与人打交道,也必须与人良好合作,所以他只具备谋生能力还不行,还必须具备与人们良好相处的能力,也就是具备一种能赢得尊重与合作的人格。这表明,会计教学在完成培养大学生谋生能力的同时,必须同时完成塑造其健康人格的任务。

第二,会计学科的特点使然。会计学科的基本职能在于反映与监督经济活动,其中反映是客观的职能,而监督则带有明显的主观色彩,这说明会计具有二重性。一方面,它要真实反映经济业务的过程与结果,具有明显的工具性;另一方面,它又要监督与控制经济业务,为会计信息的使用者提供决策依据,具有明显的人文性。具备工具性的会计学科,要求会计从业人员掌握其基本技术,具有真实客观地提供会计信息的能力,也就是具有会计能力;而具备人文性的会计学科,则要求会计从业人员在真实地处理会计信息时,担负起监督调控者、决策者、管理者的任务,并使会计信息的处理更好地为国家、企事业单位或个人服务。简言之,会计从业人员既要与会计信息打交道,也要与人的决策相关联。会计从业人员能否在真实反映经济信息的同时,使自身提出的建议更合理、更具操作性,便显得尤为重要。所以,会计人员,也包括将来要成为会计人员的会计专业大学生,在学会真实客观处理经济信息本领的同时,也必须使自己更具人性色彩,也就是使自己的人格更趋完善。

第三,会计教师的客观影响。会计教学是教师的教与学生的学相结合的共同实践。在教与学共同配合的实践过程中,教师除了通过教学内容以影响大学生的心灵以外,他自身的一言一行、思想意识、态度主张、价值取向等均能产生对大学生心灵的影响力。教师在教学过程中，教的是会计知识，训练的是会计能力。但是，在同时，他自己的言行举止及其倾向性会不知不觉地影响学生的态度与意识，促使大学生的这些人格因素在潜移默化之中得到改善。所以，会计教师完全可以在教学之中利用这些言传身教和以身作则的因素来影响学生的心灵与人格。

3. 原则的贯彻

会计教师如何在自己的教学中遵循与贯彻这一教学原则呢？这需要通过强调三个方面的认识来落实。

首先，要全面理解人格教育的含义。人格与人格教育，是一个综合概念。单就人格而言，便包括个人心灵之中的一切因素，如政治意识、道德情操、思想品质、审美情趣、人生观点等。单独来看人格教育，指的就是这一切心灵因素总和的教育。人格教育，应该是各级各类学校的各门学科教学的共同任务，但是每一个具体学科所实施的人格教育总会具有学科专业特征。所以，会计学科的教学在对大学生进行人格教育时，自然也具有会计专业色彩。我们可以说，会计教学所实施的人格教育，实际上只能称之为会计人格教育。我们在谈会计教学的基本目标时，就已经认定，它包括对大学生的工作态度、职业道德、合作精神等三个方面的人格进行突出性的教育，因此这里所提到的"人格教育"，仍然与这一说法相一致。会计教师的教学，也只能从这三个方面来影响大学生的人格。

其次，要以渗透作为途径。渗透，即渗入与浸透的意思。一块白布上滴几滴墨水，这块白布上会出现几个大的黑点。这几个黑点的面积一定大于滴上去时墨水的面积。墨水滴上白布，慢慢弥漫开来，这不叫作渗透。我们所提出的在会计教学中对学生进行人格教育，不是这种白布上滴墨水的方式。一块白布浸在水中，然后将黑色染料滴入水中，然后将水加热，使颜色慢慢进入白布之中，最后拿出来的白布变成了黑布。这个过程，就叫做渗透。它是黑色染料渗入与浸透到了整块白布之中。我们所提出的在会计教学中培养大学生的人格，就需要将人格教育的理念这样渗透到会计教学的能力培养之中。所谓"随风潜入夜，润物细无声"，指的就是这种渗透。这个渗透的意思是，人格教育相当于黑色染料，而能力培养相当于整块白布，我们要将人格教育的染料渗透到能力培养的白布之中，并最终使能力培养这块白布带上人格教育这种染料的色彩。换句话说，就是要把会计人格教育理想附着在会计能力的训练过程中，使大学生最终获得的会计能力中包含有会计人格的成分。为此，会计教师在教学时，必须眼中瞄准会计能力培养，而心中却装着会计人格教育，并随时随处恰到好处地使二者结合起来。

最后，以不脱节作为规范。脱节，指的是会计能力培养与会计人格教育相脱节。贯彻这一原则，最应该避免的便是将二者脱离开来的形而上学的做法。如果不顾会计能力培养的实际，为了进行会计人格教育而牵强附会，或者强行加上会计人格教育的成分，都属于脱节的做法。本条原则需要的做法是，在完成会计能力培养这个任务的过程中，相应地渗入会计人格教育的内容。也就是说，会计教学在培养大学生的会计能力的时候，只有需要的时候和能够渗入的时候，才加进会计人格教育的因素。脱离会计能力的培养，单独进行会计人格教育，或者只一味地培养会计能力，却不考虑同时进行会计人格教育，都是脱节的表现，是不行的。换言之，没有会计能力培养的会计人格教育，和没有会计人格教育的会计能力培养，都是不正确的教学操作。

(二) 会计原理阐释与会计案例分析相结合的原则

1. 原则的含义

会计，作为一个信息系统，具有一系列自成体系的规则与原理，形成了相对完备的知识体系。会计、财务管理、审计人员，必须掌握这些规则与原理，才能从事相应的工作，并具备相应的工作能力。所以，打算从事会计、财务管理和审计工作的人员，均需学习会计的基本原理，并加以掌握。高等学校中的会计专业，就是专门培养会计人员的，因而必须开设会计专业课程，以向大学生传授这些规则与原理。对会计专业课程的教师而言，在自己的教学中，向大学生介绍与阐释这一系列的会计规则与原理，便成了教学的一个基本任务。

但是，会计的规则也好，原理也好，都是比较抽象的概念体系。规则与规则之间，原理与原理之间，尽管存在着一定的逻辑关联与先后联系，但是理解起来仍然是比较艰难的。帮助大学生解决理解上的难题，最有效的教学方法便是举实例，用一系列生动的实例来加以说明，以达到深入浅出、形象生动的目的。案例教学便是举实例的最好表现。

同时，会计的规则与原理，都是为会计工作的实践而设的，其最终指向的还是会计人员的实际操作。对会计专业的大学生讲授会计的规则与原理，实际上也是为了最终使他们具备实际操作的能力。然而，规则与原理属于知识，实际的操作则属于能力，在知识与能力的转化中，如果没有一座桥梁，也难以达到目的。这座桥梁当然可以依靠会计的模拟实习或者实践锻炼去架设，但是在理论教学的过程中只能依靠案例分析来架设。如果没有案例分析，会计的原理得不到理解与巩固，原理的阐释便会成为纸上谈兵。可见，将案例分析与原理阐释结合起来，也是培养会计能力的需要。

所谓会计原理阐释与案例分析相结合，实际上就是借助企业会计实务中的案例来完成帮助学生理解与掌握会计知识的任务，将抽象的概念与生动具体的例子结合起来。这一原则实际上是教学论中所说的"理论与实践相结合原则"的具体化，也包含了启发性原则、直观性原则与巩固性原则的因素。如果把会计的原理看成是理论，而把会计的案例分析看成是实践，这便是典型的"理论与实践相结合"。同时，教师之所以采用案例教学，也主要是为了启发学生，以形象具体的例子帮助学生理解。近年来，案例教学大行其道，实际上也是这一教学原则得到体现与落实的标志。

2. 原则的确立依据

案例教学已经成为会计专业课程教学的时尚，将会计原理的阐释与会计案例的分析结合起来的依据有以下三个方面。

第一，人才市场的需要。大学毕业生带着满脑子的专业知识来到工作岗位，这些知识必须转化为操作能力才能发挥作用。上大学时，知识很重要；到了工作岗位，知识便必须退居二线，隐藏到能力背后，而由知识到能力的转化需要一个过程。在计划经济时代，各个用人单位都允许新上岗的会计人员有一段"磨合期"，甚至有的单位还特意安排师傅传帮带，以老带新，以使大学毕业生逐渐适应工作的需要。进入市场经济时代，会计人员已经成了人才市场的商品，用人单位要求所选用的会计人员必须立即进入角色，独当一面。这样，一向以没有实践经验而自居的大学毕业生，在就业的时候便遇到了难题，难以找到自己理想的工作。怎么解决这一难题？最好的办法是在大学专业课程教学过程中，便让会计专业的大学生锻炼这种实践能力。而案例分析的教学方法正好可以担此重任。

第二，会计学科教学的需求。会计学科的应用性与实践性极强，与现实的经济生活也息息相关。这个特征要求会计学科的教学密切联系经济现实，体现会计应用性，为培养应用型人才服务。现实的经济生活在向会计学科提出挑战的同时，向会计教学也提出了挑战，并且为会计的教学提供了丰富多彩的案例。教师将这些案例移用到会计教学的课堂，能够使枯燥的概念变成生动的故事，使呆板的报表变成迷人的图案。所以，案例分析与原理阐释相结合能够鲜明地体现出会计专业课程的应用性特征，并且有利于培养大学生的实际操作能力。

第三，教师追求良好教学效果的需要。如何使自己的教学富于吸引力，表现生动形象的特征，并能帮助大学生获得最佳的学习效果，这是每一位教师关注的问题，也是其追求的目标。要达到这个目标，便需要对教学内容与教学方法进行改革，使之更适合于课堂教学的操作。采用案例教学，将案例分析与原理阐释结合起来，其实就是教学内容与教学方法改革的具体表现。借助案例分析，以生动活泼的实际背景来证实抽象的定义、定理、规则与原理，以形象思维来映衬内在逻辑，既能说明原理的客观性和可操作性，又能启发与引导大学生对原理的理解与掌握，并能使大学生从中学到具体的操作规程与解决问题的方法，可谓一举多得。我们常说，事半功倍，并以此作为提高效率的标准。其实，大学会计教师的教学，通过采用案例教学的方式，恰好可以达到事半功倍的效果。

3. 原则的贯彻

会计原理阐释与会计案例分析相结合的原则在教学过程中得到遵循与贯彻，需要会计教师牢固树立几个基本观念。

第一，树立理论联系实际的观念。会计原理阐释实际上是理论阐释，会计案例分析实际上是实际分析，这两者的结合就是理论与实际的结合，体现的就是理论联系实际的观念。其实，会计原理是在一系列会计实际活动中总结出来的规律，必然适应于任意一个具体的案例，它们之间的关系就是一般与个别的关系、抽象与具体的关系、规律与实证的关系。会计的案例分析中必然蕴藏着会计的原理阐释，会计的原理阐释也必然需要会计的案例分析来说明、检验与印证。两者之间互相关联，不可脱节。为此，会计教师应该在教学时随时关注两者的联系，始终将两者结合起来。

第二，树立一种互动的观念。所谓互动，指的是会计教学过程中会计原理阐释与会计案例分析之间的互动。这种互动既是一种互相依赖，也是一种互相带动。互相依赖说的是两者之间不可分离的关系，即会计原理的阐释必然借助于会计案例的分析来佐证，会计案例的分析也必然借助于会计原理的阐释来实施，两者你中有我，我中有你，互不分离。互相带动说的是两者之间互为先后的关系，即教学时，既可以先阐释会计原理然后用会计案例的分析来印证，也可以先分析会计案例然后从中抽象出会计原理并加以阐释，两者谁先谁后，并无固定程式。

第三，树立一种研究性教学的观念。教学有几种程式？依教材顺序阐释理论与原理，教师讲学生听，教师考学生背，始终围绕原理做文章，这是第一种。依实践操作顺序手把手传授技术，教师示范学生模仿，教师指点学生训练，始终关注学生的动手能力，这是另一种。依教材顺序阐释原理，同时依相应实践操作顺序手把手传授技术，将两者结合起来，教师既讲述也示范，学生既动脑也动手，始终关注知识与能力的同步发展，这是第三种。将会计原理阐释与会计案例分析结合起来的教学就是第三种程式。这种程式对教师来说，不是单一的宣讲，对学生来说，也不是单一被动地接受。它实际是一种研究，是教师带领学生进行研究，让学生重新探讨会计原理建立的过程，体会研究的乐趣。所以，这一原则的贯彻实际上是要求实施一种研究性教学。研究性教学对于大学教育来说，是一种行之有效的教学方式，也是必然采用的一种教学方式。对于会计教师而言，树立一种研究性教学的观念，让学生带着研究的心态与眼光参与学习，既能有助于丰富其会计理论的修养，又能有助于提高其会计实际操作的能力。

（三）会计知识传授与会计法规传播相结合的原则

1. 原则的含义

会计教学的目标在于为社会培养合格的会计专业人才。经济活动中的会计、财务管理与审计渗透着一系列客观存在的规律、程序与规则。这些规律、程序与规则被总结与抽象出来，便成了会计学科的知识体系。对于会计人员而言，这样的知识体系必须牢牢掌握。否则，不了解会计工作的规律、程序与规则，便会出现差错，难以胜任工作。以培养会计、财务管理与审计人员为己任的会计教学，理所当然要担负起传授这个知识体系的责任，使会计专业的大学生将来能根据实践过程的规律、程序与规则来处理会计事务，胜任工作。所以，会计教学必须做好传授会计知识的工作。

经济活动中，会计、财务管理与审计工作的进行还受一系列的外围因素的制约。这些外围因素既包括与之相关的经济法律，也包括国家经济管理部门制定的会计法规、会计制度，甚至包括一些行业会计制度与规定。它们虽然不是会计工作中客观存在的规律、程序与规则，但同样对会计工作具有强制的制约性。会计人员在处理经济业务时，必须依照这些法律、法规与制度办事。可以说，国家也好，行业也好，部门也好，制定这些法律、法规与制度的目的无非是规范操作的程序，建立一个约束的机制，创设一种监管的手段，以便实施宏观调控与管理。这些法律与法规一旦颁布实施，便具有客观制约性。所以，对于会计人员而言，这些法律、法规与制度（概称为法规）照样需要牢牢掌握。如果会计人员掌握不好，理解不透，便难以胜任工作。大学的会计教学，在传授书本上的会计知识时，应该同时向学生介绍与传播这些会计法规。

当然，会计知识具有广泛的适应性，而会计法规的适应性则要受到行业、部门甚至地域的影响，不如会计知识的适应面广。所以，会计专业课程的教科书主要涵盖的是具有广泛适应性的会计知识，而少有会计法规的专题介绍。既然会计知识与会计法规对会计人员的工作同样不可缺少，那么在依据教科书传授会计知识的同时，也必然要随时渗透会计法规。这就需要会计教师适时补充、扩展教材内容，将会计法规的介绍与会计知识的传授结合起来，同步完成。因此，所谓会计知识传授与会计法规传播相结合的原则实际上指的是，在会计教学中，会计教师向学生传授会计知识的时候，随时向学生补充性地介绍一些会计法规，目的在于让学生既学到会计知识，又了解会计法规，从而使之能够得心应手地从事会计工作。

2. 原则的确立依据

这条原则的提出主要基于以下几个方面的客观事实。

首先，会计知识与法规对会计业务的同时制约。会计知识是会计工作的规律总结。它来源于会计实务，又回过头帮助会计人员有效地处理会计实务。会计知识存在于会计实务之中，从业人员只有掌握了才能处理好会计实务。会计知识是从业人员处理会计实务的内在需要，从实质上制约着从业人员的操作规程。会计法规则不同，它是必须遵守的，因此它从外在要求上制约着从业人员的操作规程。可以说，会计知识与会计法规相生相伴，相辅相成，属于两类不同的知识，从内在与外在两个角度同时约束从业人员的一切行为。可见，对于准备从事会计工作的会计专业大学生而言，两种知识都必须掌握。

其次，会计知识与法规动静相随。一般情况下，会计知识属于静态知识，一旦形成，便具有相对的稳定性；而会计法规则属于动态知识，会随着经济体制、政策方向与企业发展业务的变化而随时变化。但是，像经济体制的改革、政策方向的调整、经济业务的改变这样的大前提，对会计知识与会计法规的影响力是等同的。一旦大前提改变，会计法规便会相应调整，最终也会导致会计知识进行改进与更新。所以，会计法规的变化也会导致会计知识相应发生变化。比如，从计划经济体制到市场经济体制的转变、从国税制到国税与地税并行制的变化等，都会导致会计法规的变化，事实上也最终导致了会计知识的变化。这样说来，会计教师应根据大前提的改变状况，适时向学生介绍新的会计法规，同时调整会计知识的传授内容。

最后，会计知识与法规刚柔相济。会计知识作为静态知识，属于刚性知识、硬知识，是非记住照办不可的；会计法规作为动态知识，则属于柔性知识、软知识，尽管也非记住与照办不可，但其时效性比较鲜明，变化的频率较快，灵活性特征较强，特别是会计准则与税务政策变动比较频繁，因而需要随时调整，不断更新。不过，无论如何，在处理会计业务时，从业人员都必须将两类知识同时调动起来，实现刚柔相济。比如，差旅费的报销，核算的方法与程序是固定不变的，也就是说这方面的会计知识是不变的，但是差旅人员的补助标准则是因人因地因时因单位而异的，从业人员必须根据相应的法规确定具体差旅人员的补助标准,按固定不变的核算方法与程序处理,办理报销手续。这其中,实际就体现了会计知识与会计法规之间刚柔相济的特征。差旅费报销的核算方法与程序方面的知识属于刚性知识,而补助标准则属于柔性知识,只有将两类知识结合起来,才能处理好相应账目。

3. 原则的贯彻

会计知识传授与会计法规传播相结合的原则在教学过程中得到遵循与贯彻,需要强化以下几个基本观点。

第一,将会计法规看成是知识。如前所述,会计法规属于动态知识。它跟教科书里的专业知识尽管有别,却是互相配套,并同样发挥作用的。我们在进行会计教学的时候,如果只关注教科书里的知识传授,却不顾现实中的会计法规的传播,就会使大学生的知识结构产生断层。会计知识与会计法规缺一不可。为此,需要教师将会计法规看成是知识,并且伺机行事随时补充,在传授书本知识的同时,向大学生多加以介绍。那种只讲书本知识,而不顾及相关知识的观念是目光短浅的表现。我们常说,教师要将课内与课外两个空间联系起来,让学生既学到课内的书本知识,也学到课外的现实知识。其实,会计法规知识便是一种课外的现实知识。它应该引起会计教师足够的重视。

第二,将两类知识与会计操作挂钩。会计法规也好,会计知识也好,这两类知识实际都是既来自会计实际业务,又用来指导会计实际业务的。知识的教学只有与实践的操作相结合,才能有助于学生更好地理解知识、消化知识、运用知识,也才能有助于学生牢固地记住知识。所以,我们在强调两类知识的传授相结合时,要同时强调将两类知识的传授渗透在会计实践的操作之中。纯粹地传授知识,为了传授知识而传授知识,无助于灵活运用能力的增强,也无助于提高学生学习知识的兴趣,是不可取的。为此,在传授两类知识的同时,会计教师要多多地举例,并让学生做相应的练习,使之在练习之中消化与运用知识。

第三,将两类知识与其他知识相联结。会计知识与会计法规这两类知识,在从业人员那里其实是与其他专门知识共生的。比如,外贸企业的会计人员在处理账务时,既需要掌握会计知识与会计法规,又要了解外贸结算制度、出口退税机制等方面的知识,同时需要掌握商品等级知识与物价知识,这样看,会计人员的知识面应该是越广越好,至少是需要掌握的相关知识都应该具备。可见,我们在从事会计教学时,有责任,也有义务让学生在学到两类知识的同时,学到其他相关知识,并使这些知识产生联想,形成整体,转化为实践操作的能力。会计教师在传授会计知识与会计法规时,还必须介绍其他相关的知识,这无疑向教师们提出了挑战,但这个挑战又是非迎接不可的。

(四)会计技能训练与会计心理锻炼相结合的原则

1. 原则的含义

如果说会计知识教学是会计教学的基础。那么,会计技能训练便是会计教学的核心。对大学生进行会计技能训练,既是教学的最终目标之所在,也是教学的难点之所在。我们说，职业能力就是一种技能。财务、会计、审计这些职业所需的能力，我们统称为会计技能。会计教学的主要任务便是在教学过程中训练大学生的这种会计技能。

具体说来，会计技能涵盖会计信息的记录技能、鉴别技能、归纳技能、分析技能、使用技能等方面，其外在表现由会计操作的准确性、速度与熟练程度等因素体现。这些技能的获得离不开反复训练。所谓"熟能生巧"，指的便是技能训练。没有反复训练，谈不上熟练程度，也谈不上速度；没有仔细训练，谈不上准确程度。所以，会计教学需要在技能训练上多花时间，多费心思。

会计心理与会计技能相伴相随。高超的会计技能必然有良好的会计心理作为背景。我们提出，会计工作从业人员必须既认真细致，又求真务实，既有耐心，又有诚心，既不怕苦，又不畏难，指的就是这种会计心理。这样的会计心理既与人的意志相关，也与人的习惯相联，还与人的性格相应，也就是与从业人员的个性相符。所以，所谓会计心理锻炼实际也就是会计个性培养。

这里提出的会计技能训练与会计心理锻炼相结合的原则是指会计教学要在完成对大学生的会计技能训练的同时，使大学生的会计心理同步得到锻炼，从而为养成其特有的会计个性服务。相比之下，会计技能训练是外显的，而会计心理锻炼是内隐的。不过，它们之间的关系就好比是一张纸的正面与反面，我们看到的是正面，但实际是隐藏在正面后面的反面总会同时出现在这张纸上，只是我们表面没有看到罢了。会计教学中，我们的直接目标是对大学生进行会计技能的训练，但在训练其会计技能时，又总是同时在对其个性心理进行锻炼。比如，记录技能的训练，要让学生经过反复训练，达到既快又准的程度，便需要同时培养大学生耐心细致与自信稳重的性格，锻炼他们的职业心理。可以这样说，我们表面上在对大学生进行会计技能的训练，而实际上又同时对大学生的意志、习惯与性格进行了磨炼，使他们逐渐地具备了财务、会计与审计工作所需要具备的特殊个性。既然如此，我们在教学中，就应该将其作为一个明确的指导思想，有意识地加强对大学生会计心理的锻炼。

2. 原则的确立依据

会计技能训练与会计心理锻炼相结合原则的提出主要基于下列依据。

首先，技能是心理的体现与反映。任何技能，背后都隐藏着一定的心态。司机的驾车技能体现与反映的是胆大心细，教师的教学技能体现与反映的是自信热忱，体操运动员的运动技能体现与反映的是沉稳协调，点钞员的点钞技能体现与反映的是专注细心。可以说，任何技能的习得过程都是相应的心理状态的锻炼过程，没有心态的训练，技能的训练也会落空。许多运动员的技能非常熟练，但是比赛的时候因为怯场或紧张的心理而导致动作差错，实际上也说明了技能与心理同步训练的重要性。会计技能需要稳重自信、耐心细致、求真务实等心理状态相伴随。会计技能的熟练程度与准确程度同时体现与反映的便是会计人员的自信稳重程度、耐心细致程度、求真务实程度。正因为这样，会计专业的会计教学，在培养大学生的会计技能、进行相应的技能训练的同时，需要锻炼其相应的心理。

其次，心理能够配合与促进技能的表现。良好的心理状态反过来能够配合技能的表现，也能够促进技能的提高。心浮气躁、粗心大意是干不好会计工作的。在常人那里，不管从事何种工作，也不管发挥何种技能，心态好的时候便会得心应手，心态不好的时候则会容易出现错误。这个现实便说明了心理与技能的配合关系。离开了良好的心理状态，再熟练的技能，其准确性也会大打折扣。而会计工作最关注的便是准确性。没有沉稳细致的心理状态，没有求真务实的个性特征，这种准确程度便难以保证。更为重要的是，良好的心理状态能够促使技能得到更有效的发挥，所谓"越战越勇，越勇越战"，说的就是这种良好心态对技能的促进作用。由此可见，我们在训练会计技能时，务必同时锻炼会计心理，并使之在大学生的身上结合起来，同步协调发展。

最后，技能与心理可以在训练之中合而为一同步发展。机械重复的技能训练锻炼的是受训练者的耐心与诚心；加大难度的技能训练锻炼的是受训者的信心与进取心；变换条件的技能训练锻炼的是受训者的灵活性与适应性，即随机应变心态。不同的技能训练锻炼的是不同的心理状态。然而，这些技能也好，心态也好，对从事技能性工作的人员而言，都是需要具备的。既然心理与技能的训练总是内外配合、协调同步的，我们在会计教学中对大学生进行会计技能的训练时，也必须与心理训练结合起来。为此，我们可以有意识地变换训练方式、要求、程序与难度，将分项训练与综合训练结合起来，同时完成对大学生的会计技能与会计心理的训练。

3. 原则的贯彻

在会计教学中，遵循与贯彻会计技能训练与会计心理锻炼相结合原则，主要应该关注心理锻炼这一内容，不要只顾表面的技能训练，而忽略了内在的心理锻炼。为了保证这一原则得到落实，会计教师需要形成以下三个认识。

第一，坚持以人为本的观点。教育的目标在于塑造人，教学的目标也在于培养人。这个"人"应该是全面发展的人。技能与心理的关系实际也就是部分与部分的关系、外表与内核的关系。我们的教学，如果带着培养人的观念来操作，便会富于人情味。如果只看到知识与技能这些因素，却忽略心灵与个性这些因素，我们的教学便会成为功利主义的牺牲品，丧失人文主义的色彩。人之所以区别于动物，就是因为人类有复杂的心灵与个性。坚持以人为本的观点，始终全面发展人的各项素质，理应成为各门学科教学的共同追求。大学的会计教学在训练大学生的会计技能时，适当注意锻炼其会计心理，实际上就是这一追求的具体体现。

第二，注重综合素质的锻炼意识。我们提倡素质教育，关注的是对学生综合素质的锻炼。这个综合素质既包括知识与技能，也包括体魄与心灵，还包括个性与心理。将技能的训练与心理的锻炼挂钩，实际也就是落实素质教育中锻炼学生的综合素质的观念。财务、会计、审计人员的综合素质包含会计技能，也包含会计心理。其会计技能是一种职业技能，其会计心理也是一种职业心理。所以，锻炼会计专业大学生的会计技能与会计心理，实际上是锻炼其会计职业的综合素质。比如，我们在训练学生的会计信息鉴别技能时，故意让他们去查错与纠错，或者故意让他们犯错后复核，都是在锻炼他们的会计心理，也是对他们的综合素质进行锻炼。

第三，树立心育观念。心育，即心理教育。这是近年来提出的教育主张。以前教育界只提德、智、体、美、劳五个方面的教育，最近大家还提出并接受了第六个方面的教育主张，就是心育。意思是说，在教育教学的过程中，我们的教师能够做到，也应该做到对学生的心理进行教育。我们提出会计技能训练与会计心理锻炼相结合，便是这种心育主张的具体落实。其实，心理的教育与其他五个方面的教育相比较，是一种最能影响人的素质的教育，也是一种最彻底的教育。大学的会计教学是能够为落实对大学生进行心理教育服务的。

技能的训练可以在短时期内完成，并且可以不断精进，日臻完善；心理的锻炼则需要一辈子不间断，在职业生涯里不断调适，实现与技能的更有效配合。大学里的会计教学可以在短期内完成对学生会计技能训练的同时，对他们进行会计心理的锻炼，并使他们具备起码的职业心理，以便更好地投身会计职业之中。

第二章 高校会计专业教学体系

第一节 高校会计教学有效性评价体系

随着近年来经济快速的发展与变革，我国对会计人才素质的要求也越来越高。同时，会计学作为社会经济发展中必不可少的一门管理实践型学科，也越来越受到当今社会的重视。因此，完善高校会计教育教学有效性评价系统，是为了更好、更加有效地培养会计应用型人才。

一、生存论视域下的高校会计教学

（一）"生存论"概述

德国哲学家马丁·海德格尔（Martin Heidegger）在《存在与时间》中提出了有关生存的问题，并论述了"生存论"对于现代哲学的意义及其重要地位。这部著作通过论述"存在"的概念，将生存论摆到了人们的现实生活中，揭示了人类生存的意义和人类生存方式的个体化维度、精神性层面。《存在与时间》所表达的语言思想和释义学思想，都对当时以及后来的西方哲学产生了重要而持久的影响，其思想的革命性与内容的丰富性弘扬了人的个体性、独特性和精神性，使它当之无愧地成为西方哲学史上的一部经典著作，为现代哲学开拓了一个全新的视界。

在1970年举行的联合国教科文组织第16届大会上，埃德加·富尔（Edgar Faure）先生提到了"学会生存"这个知识体系，讲述了知识的获取并不是一劳永逸的，而是伴随着人的一生。这次大会的内容，首次将生存与人们知识的获取，甚至是人们的教育和学习深层次地联系在一起。

在以马丁·海德格尔为代表的"具体个人"思想以及联合国教科文组织第16届大会提出的有关"学会生存"的内容的影响下，人们越来越认识到了以生存为目的的教育的重要性，以生存为目的的教育是解决人类生存危机的前提，这种生存论催生了一个新的哲学视界，并为新哲学视域的建构奠定了基础，为教学评价带来了多视角的探析。

马丁·海德格尔的生存论中，强调的是"以人为本"，高校会计教学中所涉及的"人"是教师和学生，教师负责"教"，学生负责"学"。教师将教学视为自己的终身事业，在教学的过程中实现自我价值和职业上的生存与发展目标；学生将学习视为自己终身追求生存的目标，将大学阶段的学习看作步入社会的前期预热，为将来进入社会工作、生存以及自我价值的实现奠定基础。

(二) 生存论视域下对高校会计教学的思考

通过了解上述"生存论"的概述内容和逻辑思维，结合我国高校会计教学所处的生存环境和实际情况，生存论视域下对高校会计教学的思考主要从以下三方面的内容着手。

1. 诚信为本，寻求真我

生存论是围绕着人的生存而展开的论述论证，其核心内容便是人的生存，即人存在这个世上的首要目的和任务就是生存。在生存论的延续和发展过程中，对"人"的概念的认知，主要经历了三个时期的过渡，第一个时期是"实体人"；第二个时期是"抽象人"；第三个时期是"具体人"。"人"是生存论的主体，若想深刻地探析和了解生存论，就必须先要正确地了解和认识"人"，其原因主要有两点：第一点，人是客观、真实存在的，并随着社会的变化而不断发展的；第二点，生存论的核心是人的生存，它更关注人的生存意义和人在生存中面对原本生存环境、自然发生转变的态度。以现代哲学理论来讲，唯物主义的生存论思想关注的是人的感性生活和本质思考，通过思考，提高人的自我接受能力、反思能力和认识能力，以追求自我的继续稳定发展和进步。

作为一名合格的会计工作人员，其工作的灵魂是诚信，诚信的缺失将影响一名会计工作者的道德水平，是会计工作者道德失范的象征。坚持"以诚信为本"，树立会计工作者的诚信意识，是会计工作者立身于会计行业的根本、处世的法宝。那么，该如何树立会计工作者的诚信意识呢？

第一，从会计专业的教育教学开始，这是树立会计工作者诚信意识的第一步。会计工作者的诚信意识不仅仅要在实际的工作中得到树立与宣传，在他们还未步入社会，处于大学学习阶段时就应当接受诚信的教育，使诚信意识早早埋入会计工作者的脑海和心底。因此，作为教书育人的教学单位——高校，要认识到诚信教育的重要性，将诚信教育放在学校的教学目标和考量标准的重要位置。这体现了"人"的概念发展的第三个时期，即会计教师与学生作为"具体人"，在面对会计专业生存危机时的态度及其首要为人准则。

第二，师者，传道、授业、解惑，拥有渊博的知识，善于启发学生思考，善于引导学生发现做人的道理，可以称之为师。师者，学生的楷模，育人先育己，自身正才能要求他人正直，以身作则，润物细无声，教师的一言一行都对学生有着潜移默化的影响。会计教师作为"具体的人"，不仅要在内在的人格魅力方面对学生起到积极的引导作用，还要在道德方面、情感方面、学术方面等具有导向作用，这对于提高高校的会计专业教学质量有着重要作用。会计专业本身是一门实用性很强的学科，只有德才兼备、以德为先、理论和实践齐头并举、深耕专业而超越专业，并有着较高综合素养的会计教师，才可以帮助学生树立诚信意识，并成为学生学习和模仿的榜样。

第三，在高校会计教学中，师生都有各自的特点和不可替代性。他们生活在平等、自由和相互的教学环境中。教学与评价是师生之间的联系。他们也应该在独立生存的前提下，在互动中寻求自己的进步和发展。因此，教学评价必须兼顾师生的个人特点和生活方式。因此，在高校会计教学中，教师和学生都应该也必须先寻找真正的自我，即寻求真我。

2. 师生互动，强调发展

生存论的发展及其视野，带来了新的发展观。在高速发展和物质欲望并存的现代社会，这种新的发展观往往是一维的、功利的，它不高于生存，但可以从生存经验中升华，也只能在生存的控制下升华。然而，在生存的控制下，人们越来越陷入满足物质和占有欲望的冲突中。在生存论意义和生存的自然哲学背景下，人们渴望通过实践活动来理解生活，并敢于面对和解决生活问题，努力过上更好的生活，追求个人的全面发展，即潜能的发展、人性的充实、人格的完善和生命意义的丰富。生存的重要性在于允许个人在追求生命价值的过程中醒来和成长，并在无尽的状态中向新的可能性迈进。教学也是如此，教学的目的是使教师和学生在各自的领域，不仅仅是为了"survival（生存）"，而是为了"existent（存在）"，一个"ex（前）"，体现了延续、发展和扩展的思想理念。

会计是一门应用性和实践性很强的学科，与其他的专业有着密切的联系。它是一种不创造实质性价值的职业，但它很注重服务和管理。因此，身为一名会计从业人员，必须掌握更多的学科知识，同时还要具备丰富的综合能力和综合素质。高级会计师除具有广泛的基础知识、深厚的专业知识和其他相关学科的丰富知识外，还应具备各种"非会计能力"，这是作为一名具备高水平综合素质的高级会计师与初级会计师的根本区别。会计人员的能力和素质在很大程度上影响着整个会计行业乃至社会经济的长期进步和活力。社会的快速变化和发展不断刷新了会计人员的能力要求，进而提出了高校会计教学、教师和学生长远发展的使命。

3. 实现价值，与时俱进

人在刚出生的时候，都是独立的个体，但同时也与周围的一切都有着天然的联系，个人和他人以及自然环境之间有密切且复杂的关系，主体与客体也要能达到一种智慧对话与和谐共存的状态。把人与周围的个体、环境分开，人们似乎被放置在一个叫作"环境"的容器中，失去了主动性。环境是属于人类的，是由人类生存实践的感性活动所造成的；反之，人类是环境的要素，环境也作用于人本身的塑造和形成过程中。在人与他人的关系中，双方是互为主客体的，是一种共生互动的关系，这也印证了马丁·海德格尔在生存论中论述的"主客合一"的思想观点。但同时也存在着一定的缺陷，即模糊了"主体"与"客体"的界限。因此，这就要求在高校会计教学及其评价的过程中，积极促进师生之间的互动并调整角色转换方式，要求高校会计教学在适应环境变化的基础上，先实现"生存"，后实现"发展"，最后实现"飞跃"。

从企业的角度看，我国市场化、知识化、信息化的不断深化和工业化、城市化、现代化进程的加快，使得会计职业界、教育界和学术界等，都蕴藏着巨大的发展和扩展空间，同时也面临着前所未有的发展机遇。而会计工作，无论是在预算编制、成本控制与管理、会计核算方面，还是内部控制和风险控制中都起着至关重要的作用。

面对瞬息万变的环境，高校会计教学以及会计专业的教师和学生，都必须反思自己能否及时变革和进步。只有在社会环境中，高校会计教学才能与时俱进，才能保证其有效性。

20世纪30年代，美国学者拉尔夫·泰勒（Ralph W. Tyler）将教育评价理论分为形成性评价和总结性评价两大流派，并在形成性评价的基础上，提出了发展性教学评价的建议。发展性教学评价开始形成于20世纪80年代，逐渐成为教育评价理论和实践的重要流派和分支。发展性教学评价与奖惩性评价、水平性评价和选择性评价大为不同，它是一种"以人为本""以发展为目标"和"以过程为重点"的评价方式，也是一种以主体为导向、价值多元化、长期发展为目标的评价方法。发展性教学评价的形成是以建构主义理论、多元智能理论和可持续发展战略理论等为基础的，它不仅反映了社会对人性回归到教学评价功能的要求，也呼应和丰富了生存论的哲学价值。

发展性教学评价有三个主要的特点：①强调评价主体的多样化；②注重评价对象的自我反馈、调节和关注动态教学评价设计；③多元化与半结构化、定性与定量相结合评价指标和标准。它的这些特点对高校会计教学评价具有积极的启示作用。会计学科也有其自身的特点，如持续的建设和发展，内容广泛，以及与其他学科的融合。如果把发展性教学评价与会计学科特点相结合，将会更有利于制定高校会计教学的效果评价体系，以利于形成评价指标和探讨具体评价方式方法等。

二、高校会计教学有效性评价体系的制定

（一）明晰评价目标

生存论的哲学教育观点主张人倡导人类的生存，需要不断地学习，并在学习的过程中呼唤学习型社会。会计面对不断变化的国际形势，经历了从"规则导向"到"原则导向"的不断变化，越来越注重内部控制，以及会计职业判断。

以生存论视域角度和意义来看，教学是一种在生活环境中以信息交流为核心的实践活动。教师和学生是统一的，可以将他们比作硬币的正反两面，那么，教师和学生如何达到和谐共处的状态，以及在生存中实现发展的目标呢？这就需要人们不断地反思、理解、探究、领悟和审视了，这便是评价对教学的重要意义。

在美国心理学家和教育家克朗巴赫（Lee J. Cronbach）看来，形成性评价比总结性评价有意义得多，形成性评价的作用大于总结性评价的作用。这是由于，形成性评价可以对教学课程实时跟踪，并识别它需要改进的地方。评价不单单是为了证明和控制而存在，也是为了提高，以实现生存的长期发展。制定科学、有效、可行的指标战略，是顺利开展有效评价活动的关键。为了科学合理地评价高校会计教学，产生良好的评价导向和积极的评价效果，进一步提高高校会计教学的实效性，具体的评价应完成教师在教学中的教学目标

和任务。教师未来的生存发展可以在"教"的过程中得以实现，而学生的未来生存则可以在"学习"的过程中得以实现，从而共同促进整个社会会计行业的继续稳步发展。

（二）定位评价主客体

生存论是主体与客体的统一，是与环境共存的理念，要求教学评价不仅是学生对教师的评价，也是学生根据自己制定的评价标准，确定自己的学习目标，评价自己的成绩的一种学生自我评价。在新的高校会计有效性评价体系中，学生不仅是被评价者，而且还是评价者之一。学生本身应该是最清楚和了解自己学习状况的，对其进行自我评价，通常可以提供其他形式的评价无法发现的信息。此外，学生的自我评价，还有利于提高学生参与学习的积极性。教师作为学生学习的指导者，在"教""学"互动的教学过程中比学生自身更能客观地观察并意识到学生的学习行为。作为一名会计教师，教师对本专业有较丰富的经验和知识，并能策划和设计与本专业有关的评价活动。除此之外，教师还应参与同行互评，避免墨守成规和形式化的盲目性及低效性，密切关注学生的动态，跟进自己的行为，并随时自我反思。自我评价与相互评价相结合，体现了多元评价主体的思想，与生存论的互动共生观点相呼应。

另外，学生的成长是一个漫长而渐进的过程，教学的有效性无法立见成效。这种效果的长期滞后效应是教学职业的一个突出特点，会计也不例外。这一特点已成为教学评价有效性的一个难点。人才培养具有滞后性和有效性的特点，导致了社会在评价教学效果的本质上具有更大的话语权，特别是对会计专业而言，会计是一门应用性和实践性很强的学科专业，它可以更全面、更客观地衡量会计教学的有效性，因此，社会也必须作为评价主体的一员参与评价工作。只有适应社会发展的需要，才可以最终得到社会的认可，使会计教学实践与社会发展的需要相结合。这说明了教学理念（如生存能力、适应水平、发散性建设性思维等）是建构主义理论的核心内容，也是可持续发展观的渗透和教学评价精神的发扬。高校会计教学有效性的社会评价可以通过毕业生就业率和就业状况、用人单位对学生的接受程度以及直观的反馈作为衡量依据。

（三）界定评价内容

事实上，高校会计教学有效性评价体系的评价内容主要围绕着高校会计专业的教学而开展实施的，也就是说，评价的直接对象是高校会计专业的教学。"教学"的概念涉及教师、学生、其他软件设施和硬件设施以及所有方面，所以，评价的内容必须也应该是全面的。以生存论为基本出发点，其为会计教学与评价提供了三个不同的视域，分别是：①人的本质属性；②共生的生存；③在生存中不断上升发展的追求。

在这三个不同的视域下，结合高校会计教学的范围，会计教学的内容概括为三个维度，分别是：①重视人本属性的知识技能维度；②争取上升发展的人格素养维度；③与环境相适应的社会绩效维度。这三个维度共同构成了整个会计教学有效性的三维立体空间。在这个三维立体空间领域，会计教学有效性评价不仅包括近期有效性的效益，还包括长期发展的效益；不仅涉及物质层面，还涉及生存的意义；甚至将个人与环境、生存与发展的关系在理论与实践相结合的基础上加以处理完善。在这三个维度的基础上，将评价内容整合到高校会计专业的教学内容、教学过程和教学效果中，使学生评价与教师评价、自我评价与相互评价、形成性评价与总结性评价充分结合和渗透，形成多角度、宽领域的评价思维。

1. 知识技能维度内的评价内容

教学所要传授的主要内容是知识技能，会计专业的知识技能不仅包括必要的会计、审计和财务管理知识，还包括经济、法律和财务等相关学科知识。21世纪，是信息网络等高新技术快速发展的时代，互联网信息技术的发展给人们的生活、经济、教育、学习、休闲和娱乐等带来了巨大的变化，同样也影响到了会计教育以及会计工作。在这样的社会环境和趋势下，对生存论视域下的高校有效会计教学提出了新要求，要求务必以学生的效益为根本出发点，进行会计教学课程的设置，与时俱进，及时更新教学内容，防止知识过时和落后，注重适应宏观的社会环境。在普遍学科教学评价文献的基础上，结合会计专业的特点，根据纵向思维和教学过程的时间趋势，将高校会计教学的有效性依据知识技能维度上的评价指标进行划分，可分为三个具体内容。

（1）教师的教学准备。会计诚信教育不应撇开大环境，不能超然卓越，而应随着诚信道德大环境的发展而发展。会计诚信教育逐步渗透到高校会计教学中，高校会计教学中的诚信教育是会计诚信教育生存和发展的基石。无跬步，无千里；无小河，无江海。要在整个经济市场形成一种蕴含有会计诚信意识、职业道德观念的大环境，就必须重视基础教育的作用。最直接、最有效的方法便是将会计诚信意识、职业道德观念运用到书面文字及词汇中，形成教材。例如，可以根据高校会计专业的特点和培养目标，组织专业人员编写课程教材，开设有关会计诚信、职业道德和法律法规的专门课程。教科书的范围不仅包括必要的规章制度和指导，还包括更多的实践案例，使实践经验相对不足的学生对这些教科书的内容更感兴趣，更容易理解。经典案例对会计诚信意识、职业道德观念的宣传有着重要意义，可以起到教育和警示的作用。

（2）专业教学内容与教学方法。

①内容。在高校会计教学课程和教材的评价内容中应注意教材设置是否合理、是否及时更新；课程之间的内容是否重复；是否能够覆盖所有相关学科；是否引进了国外或其他高校的知名教材；课程内容是否新颖；是否能激发学生的学习兴趣；是否有足够的其他学习资源来支持知识学习等一系列的问题。

②方法。有效的会计教学倡导更加多样化的新教学方法。在教学方法的评价中，有效的会计教学取决于能否与具体的会计课程相结合，能否广泛采用多媒体教学、问题导向教学、自学指导、图标绘制、实践教学、计算机教学等先进的教学方法。例如，在税务课程的课堂教学中，教师可以将现实生活中使用的发票带入课堂，使学生更深入地理解纳税的意义和环节；审计是发挥案例教学方法的重要阶段，审计课程可以与高级财务会计、中级财务会计、成本会计、税务会计等课程相结合，这还可以体现其整合性和及时性的特点。

同时，也应注意借鉴国外高校会计高级教学经验，发挥其优势，为我们使用。

（3）课程作业与考察。课堂教学方法是否灵活多样，对调动学生的主动性，发挥学生的主观能动性和创造性具有重要作用。在课堂的形式上，我们可以检查是否经常出现新的形式，如小组讨论、论文写作、演讲等。"授人以鱼，不如授人以渔。"除了传授知识外，是否传授获取知识的方法，如具有创新性的会计概念和学科概念；在课程分配和最后的课程检查、考试中，我们不应该局限于简单的重复性的问题工作，还应该采用PPT演讲、课程论文、案例分析等多种方式，使评估更加有效；在考试方面，除了传统的封闭式和开放式笔试考试外，还可以采用口试、小组面试等方法，给学生提供更多的发挥空间；考试时间也应改变传统的"期末一锤"方式，可以安排课程中的检测。这样就能随时掌握和了解学生的学习情况和对知识的掌握程度。

2. 人格素养维度内的评价内容

"专业认同"的概念在各学科以及国内外领域中得到了广泛的提倡，在会计专业中也不例外，尤其是在美国高校会计教育中，更加强调了专业认同的目标，会计专业学生应在情感上认同和喜欢会计职业，积极探索会计知识，以具备会计技能和相应的会计价值观。这为会计教学中的人格培养和情感培养打开了一扇窗。只有在有效人格和丰富情感的控制下，我们才能有积极求知、求进的动力，有勇气面对挫折和困难，在长期的发展中获得稳定的进步。除了学生，教师的综合能力和成就也通过其教学方法对教学效果产生了深远的影响。在生存论视域下，高校会计教学有效性的人格素养评价指标可分为教师人格有效和学生人格有效两个层次，主要包括教师的综合素质和学生的情感认同两个方面。

第一，依照孔子和孟子相关论述，如"民无信不立""诚者，天之道也；思诚者，人之道也"。说明诚信是身为一名会计工作者必须且应该具有的基本准则，这其中包括高校的教师和学生。

第二，会计专业教师作为"传道者""授业者""解惑者""传道"便是他首要的任务，具有良好的职业素质和人格魅力，便能以身作则和言传身教，引导学生树立自己积极正面的形象。会计专业教师自身的道德修养、知识专业水平以及整体情感等，都对其教学效果有着深刻的影响，良好的态度和能力可以直接引导学生朝着正面、积极向上的方面发展，从而提高教学效果。为了评价会计教学的有效性，有必要检验教师在人格、道德、情感、态度和能力等方面是否具有优良的人格魅力、职业道德、情感操守、专业素质、学术水平和能力等，是否具有持续学习和进取的精神和毅力。具体来说，可以验证教师在课堂上是否热情、是否精力充沛、是否按时完成任务，课后是否及时与学生沟通教师是否具有实践能力和科学研究水平，以及教师在校外的实践情况，例如，参与课题和发表论文的数量等。只有具有较高职业道德素养、专业知识技能和高尚人格理想的会计专业教师，才能为学生树立良好的学习榜样和模仿榜样。

第三，人格有效对学生而言意义重大。我们必须积极调动学生的道德、智力和体育方面的全面发展，阳光、积极的态度和健康的体格是21世纪人才的首要条件。许多高校会计专业的学生对会计专业兴趣不大，他们选择这个专业只是为了更容易的就业，或听从了长辈的建议，他们个人并没有明确的方向。因此，"兴趣"一说便无从谈起，也就导致在无形之中使教学的有效性大打折扣的结果，更甚，会影响到教师教学的心态，使其对教学工作产生厌烦，如此形成一个恶性循环。有效的会计教学能在教学过程中培养和调动学生的专业认同感，使他们在学习过程中发现会计的优点和"美"，产生学习的兴趣，热爱会计专业，积极探求新知识。学生的情感认同、学习效率和效果，以及他们的未来发展等都是高校会计教学有效性的重要体现。

3. 社会绩效维度内的评价内容

"社会"一词突出了社会绩效的维度。有效的教学必须服务于学生的未来，与学生的未来保持一致。"社会"作为学生毕业后展示自己的首要舞台，势必会成为检测学生在校接受教学质量的"检测机构"，进而成为衡量学校教学有效性的关键因素。从实践教学和社会资源两个方面入手，对高校会计教学在社会绩效维度内的有效性进行评价。它包括三个具体的二级指标：教师的实践能力、学生的实践能力和学校提供的实践条件。

理论导向的教学方法已不能满足社会和市场的需要。实践教学弥补了会计理论教学的不足。实践教学应该把"社会"带入课堂，体验会计社会实践操作。我国大多数高校也在安排必要的会计实验课程、计算机模拟操作、社会研究和暑期实习，但缺乏严格的管理与监督机制和完备的实践教学条件。大多都是徒劳、形容虚设的，大大降低了高校会计实物教学的功能和效果。

由此可见，无论学校是否充分利用其现有的社会资源，都已成为会计有效教学和社会绩效的直观体现。实践教学指标与社会资源是相互配合、相互辅助、密不可分的，只有有足够的社会资源，实践教学才能更好地实现。只有将有利的社会资源引入高校会计教学中，才能使教学与实践互相渗透、充分结合。

（四）评价方法探讨

在评价高校教学的有效性时，这里所介绍的评价方法的实用价值主要体现在教师教学和学生学习的微观评价上。在具体的评价指标中，主要体现在知识维度和人格维度内容上。

1. 多采用过程评价

过程评价主要针对学生的学习行为，是一项长期而持续的评价活动。这种评价不易制定统一的标准，它通常是以口头或书面描述方式而进行的一种描述性评价。过程性评价有缺点也有优点，缺点是它无法避免地带有了评价主体的主观性，优点是它具有其他评价形式所无法比拟的精细性。过程评价的有效实施可以通过教师对学生的评价和学生相互评价的方式进行对比和补充。

我国高校会计教学普遍存在的问题是忽视过程评价。在期末考试中，评价学生学习效果的方法往往只采用"一刀切"和"一次成败论"的方法，而忽视了学生的日常行为态度。这种做法导致一些在日常生活中没有自主学习意识的学生临近期末时，通过突击复习，仍能取得评价合格的成绩，但这类学生对知识的掌握往往是非常不牢固的，更无从谈起他们的自律、自学和建树了。过程性评价恰恰可以弥补这一缺陷，采用过程性评价，将有利于学生的长期发展。会计更注重应用和实践，有其自身的学科特色，在教学效果评价中，除了反映自身的专业特色外，还需要一套适用于所有课程且能对学生学习态度及情感进行评价的方法。我国高校会计专业教师大多采用简单的课堂到达、签名和评分方式，而较于过程性的评价方法少之甚少，不能真正发挥评价的监督和促进作用。事实上，对于具体的课程，我们可以根据实际情况设置过程评价，以便了解和掌握学生的行为和态度。

2. 形成性评价和总结性评价相结合

形成性评价和总结性评价是不同的，其区别在于评价过程和评价对象的差异。

（1）评价过程不同。形成性评价是在学生获取知识和技能的过程中开展实施评价工作；总结性评价是在教学过程结束后直接评价。形成性评价强调"教"与"学"的过程同步化，在学习之初就开始有计划地进行评价工作。它可以以一门课程为一个周期，但如果我们依据高校会计课程的特点来划分周期，则更有利于观察学生的知识结构。形成性评价贯穿于高校会计专业的整个学习过程。

（2）评价对象不同。在实际应用中，总结性评价通常体现在对学生一个学期的学习成绩进行总结性评价，抑或以一个周期完成一门课程的学习成果进行总结性评价。形成性评价是我国高校会计教学评价的主要方法，一般来说，形成性评价主要关注高校会计专业的整体教学质量，对促进个人学习意义不大。

（3）形成性评价和总结性评价相结合。在高校会计教学中，应摒弃以往注重结果而非过程的教学方式，将形成性评价先后与过程性评价、总结性评价相结合渗透，形成一个全面、广泛、长期的评价体系。

3. 相对性评价取代绝对性评价

教师与学生的发展才是高校会计教学有效性所强调的重中之重，发展是哲学术语，是相对二者过去的状态而进行的改变。因此，教师与学生的评价标准不是学校的教学目标，而是对比教师和学生的过去，以他们过去所呈现的一种状态为参照而进行的评价。相对性评价主要是对学生课堂学习时所呈现的态度的评价，包括学生的课堂学习态度和表现、思维方式和方法、各种能力等，相较于过去发生了怎样的变化。

相对性评价也有利于激发学生的学习积极性，同时也便于探索新的、有效的学习方法。相对性评价可以有效地实现评价的价值及其发现价值的功能。高校会计教师应采取发散性、创新性的思维方式，制定适合其所教课程的评价策略。

以上几种评价方法并不是各为一体、相互独立的评价，它们相互补充、相互渗透，在开展实施高校会计教学有效性评价工作时，应科学、合理地使评价方法有效结合。

（五）评价指标构建

在明确评价体系后，建立评价指标体系是评价工作的重要环节。科学、合理、有效的评价指标体系有利于高校会计教学评价工作的顺利开展，有利于提高会计教学质量。简单地说，如果没有指标体系，就无法开展评价工作。因此，构建会计能力评价指标体系，有利于教师、学生、专家评价高校会计教学的有效性。

1. 评价指标构建的原则

评价指标构建的原则主要有六项，分别是：系统性原则、指导性原则、可测性原则、简明性原则、定性指标与定量指标相结合的原则、层次性原则。

（1）系统性原则。指标的设计应系统地反映高校会计教学的综合情况，选择的指标应全面、具有代表性，能很好地保证评价的专业性和可信性。

（2）指导性原则。在生存论视域下，为指标层次的合理配置和指标具体内容的确定提供指导。

（3）可测性原则。指标含义和测评内容应明确清晰、通俗易懂。

（4）简明性原则。高校会计教学有效性评价指标可细化为多个部分，因此指标设置应遵循简明原则，使有限指标具有代表性。

（5）定性指标与定量指标相结合的原则。指标应具有层次性，以保证指标的合理有效权重。不同层次的评价指标具有不同的重点和权重，准确合理的权重可以使评价者集中精力完成重要而复杂的指标评价，也可以使评价者更客观地观察高校会计教学的有效性。

（6）层次性原则。通过一定的数学方法对定性指标进行量化，可以弥补定性与定量指标难以确定权重和计量的缺点。

2. 评价指标体系的建立

（1）层次分析法的重要性和内容。

①层次分析法的重要性。以会计专业自身的特点和常用的教学评价指标为基本着手点，我们可以发现评价内容大多为定性内容，却几乎没有定量内容。这是为什么呢？首先，数据挖掘的过程中，不可采用常用的无刚量化，只给出定性标准，且标准的灵活性相对较大；其次，评价者对标准的理解、掌握程度，以及对其的掌控上存在主观偏差，无法准确保证评价者给予的评价结果是否真实有效，是否准确无误。基于此，层次分析法便起到了至关重要的作用，在会计专业主观经验和相关知识的基础上，运用具有严密逻辑性的数学方法，尽可能地剔除主观因素，合理确定评价指标的权重，运用定量手段，科学地刻画和描述定性问题，为会计专业的发展提供理论依据，并确保评价指标体系的可靠性、准确性和公正性。

②层次分析法的内容。层次分析法的内容是什么呢？层次分析法，简称 AHP，是美国匹兹堡大学运筹学家萨蒂提出的一种数学方法，这种方法将定性分析与定量分析相结合，并具有相对较高的简洁性、逻辑性、实用性、系统性。层次分析法的特点是在深入分析复杂决策问题的性质、影响因素及其内在关系的基础上，首先，利用较少的定量信息对决策思维过程进行数学化，从而为复杂决策问题提供一种简洁便利的决策方法，特别是在决策结果难以直接和准确测量的情况下，这种方法尤为有效；其次，再通过求解判断矩阵的特征向量法，得到每一个层次中的每个元素对上一层次中的某个元素的优先权重；最后，用加权法通过递归确定每个备选方案对一般目标的最终权重。

（2）构建评价指标体系。从生存论视域出发，探讨会计有效性教学评价的内容，其内容可作为建立评价指标体系的依据。在生存论的视域下，通过借助于层次分析法，对高校会计教学有效性评价的内容进行分析，建立了三个一级指标，分别是：知识有效、人格有效和社会有效。除建立了一级指标外，还通过文献阅读、数据查询、访谈分析等方法，进一步建立了二、三级指标，指标体系包括各级高校会计教学有效性的二级和三级指标，根据具体情况，指标的适用主体包括教师、学生和专家。其中，专家是指具有专业技能、丰富相关工作经验、具有代表性和权威性的会计从业人员。评价主体的价值主要体现在对社会绩效的评价上。

①知识有效。高校会计教学评价活动给学生带来了更专业的知识和技能，并在原有的基础上做了进一步的提升。知识获取的主要途径是教学。在知识有效的实际情况下，根据教学过程，可分为四个部分内容，分别是：教学准备、专业教学内容、教师教学方法和学生学习评价。其中，教学准备是以我国高校教师的综合测量指标为基础的，其评价对象主要包括学生、教师和专家。专业教学的内容主要由学生和专家评价，而教师的教学方法主要由学生和教师自己评价。

②人格有效。通过高校会计专业教学活动，学生在情感、思想、品德、行为等人格特征方面都得到了有效的提升。以人的主体为根本出发点，人格有效可以划分为两种有效类型，分别是教师人格有效和学生人格有效。评价方式也以此为依据，划分为两种评价方式，即师生互相评价和师生自我评价。

③社会有效。会计专业学生之所以能够适应社会实践的需要，大多得益于高校会计专业的教学活动。从实践质量和社会绩效的角度看，社会有效可分为教师实践能力、学生实践能力和学校提供实践条件三个方面。主要的评价主体是专家，而教师和学生，在一定的程度上也实现了自我评价。

第二节 高校会计专业的实践教学体系

随着经济的发展，各个企业对会计人员的需求越来越大，各高校积极建设新时期会计专业的实践教学体系，为学生以后参加工作打下坚实的基础。下面主要介绍了高校会计专业实践教学的主要形式、实践教学与实践教学能力的内在机理和逻辑关系、高校会计专业实践教学体系的内涵剖析与要素、高校会计专业实践教学的体系结构，以及高校会计专业实践教学的策略探讨。

一、高校会计专业实践教学的主要形式

（一）高校会计专业实践教学体系构建原则

1. 现实化

培养应用型人才是现实化的主要目标，其中心是职业能力的培养，要求教师充分了解

学生的实际情况，并分析学生不同阶段应掌握的知识。以技能层次和教学规律为依据，通过合理安排学生实践活动的内容和层次，来帮助学生实现阶段目标。

2. 全程化

培养学生会计职业能力是整个教学过程的核心。在教学过程中，需要区分专业能力与综合能力、操作能力、一般能力的不同。

（1）专业能力。在社会环境中从事执业活动时，需要具备的专业知识和技能被称为专业能力，它是学生从事执业活动的基石。

（2）综合能力和一般能力。培养学生的综合能力和一般能力需要组织学生积极参加社会实践，并采取实践教学与理论教学相结合的方法才能完成。

（3）操作能力。操作能力是指在社会环境中从事职业岗位时，需要具备的技能与知识。操作能力不仅是实践教学的主要内容，还是学生在未来工作岗位的支撑。

3. 理实化

理实化是理论教学和实践教学相结合的产物，理论教学内容应为实践教学服务，而实践教学则是理论教学的深化与应用，两者相辅相成，互相渗透，但又有各自的体系。理实一体化的教学方式是实现高校培养目标的关键。

4. 角色化

角色化是指在实践教学活动过程中，充分了解学生的不同的特点和能力，从而定位学生会计工作的岗位角色，根据相应岗位必须具备的运用技能，对学生进行有针对性的培养。

从会计专业来看，实践教学体系的内容和环节，应在分析会计岗位的职责后，围绕其需要的各项技能和要求来设计。

5. 仿真化

会计专业具有特殊性。因此，为避免在组织管理和岗位分配等方面出现问题，其实践教学不能全部由企业承担。高校应该建立校内实训基地，为学生提供开展仿真实训的机会。

（二）构建高校会计专业实践教学体系的基本思路

1. 兼顾职业素质教育

高校应积极构建能体现其教育特点的实践教学体系。高校实践教学的目标体系应以培养职业发展能力、岗位就业能力、基本职业素质为模块进行构建。根据社会人才需要，以加强专业岗位发展为原则，构建一个可操作性强、层次分明的实践教学体系，其教学平台可以分为四部分进行构建，即基本技能训练平台、会计综合训练平台、岗位业务技能训练平台，以及企业顶岗实践平台。

2. 构建混合型实践教学体系

混合型实践教学体系是指融于理论教学又相对独立的实践教学体系。该体系要求高校会计专业人才的培养目标与会计专业职业岗位要求相适应。

构建混合型实践教学体系需要注意以下几个方面。

①应根据会计专业人才培养方案,明确学生的实践能力要求。

②必须依据实践课程标准规定其课程的内容、目标和性质。

③实践课程模块的划分,应符合学生实践能力要求。

④根据课程标准编制实践指导书,并积极开发校本实践教材。

在教室与实训室的混合、理论教学与实践教学的混合、教师类型的混合等方面,不断淡化两者之间的界限,重新整合实践场地和教学设施,形成混合的实践教学体系。

3. 构建有特色的实践教学体系

构建有特色的实践教学体系是高校会计专业生存和发展的原动力。以培养会计电算化技术应用能力为主线,会计职业素质教育为核心,产、学、研相结合为根本途径,职业发展能力培养为关键,是构建特色实践教学体系的指导思路。

(三) 会计实践教学的主要形式

会计实践教学并不是一种单一的方法,而是一种系统性的教学方式。会计实践教学的分类方法有很多,从培养目标的角度可以把会计实践教学分为硬实践和软实践两个方面。

1. 硬实践

需要学生动手操作的实践活动被称为会计硬实践,其主要目的是培养学生的实践动手能力,如会计实习、会计实务模拟等。

硬实践教学活动通过学生在实践现场直接动手操作,进行动作性的技能训练,从而培养学生规范的动作技能。

2. 软实践

软实践是指实践教学活动的内容以训练学生的决策能力、判断能力和分析能力为主,如项目教学、案例教学等。

软实践教学通常以体验的方式进行教学活动,其特点是以思维作为载体,进行直观动作思维、形象思维、语言逻辑思维等心智活动。其教学内容、思维、过程等具有较大的弹性,因此,不能用硬性的指标去度量。

二、实践教学与实践教学能力的内在机理和逻辑关系

(一) 实践教学与实践教学能力的内在机理

1. 实践与实践教学能力

(1) 实践。实践主要是指行动、行为及其结果,是马克思主义理论体系的核心概念。古希腊著名哲学家亚里士多德(Aristotle)最早对实践进行了系统的阐述。他认为实践是以自身为目的行为,并将实践囿于政治和伦理领域。而马克思赋予了实践新的含义,他建立起了生产实践理论。

(2) 实践教学能力。教师在教学过程中想要达到教学目标,需要具备相应的教学能力。它由许多具体的因素组成,是反映教师个体顺利完成教学任务最直接有效的心理特

征。实践教学能力是高校开展实践教学活动的关键。

2. 实践教学的特征

实践教学能促使教师摒弃照本宣科,引导学生积极参加实践活动,在实践中培养能力,激发学习动机。实践教学具有独特性,在人才培养过程中发挥着重要作用。

(1) 综合性。实践教学的教学形式和内容具有综合性。实践教学形式包括实习、实训、课堂实验等;实践教学内容则是综合了知识和技能的实践教学,以及基本理论和技能的实践教学等。高校不仅要教会学生知识和技能,提高学生解决问题的能力,还应教会学生如何做社会需要的人。因此,在教学过程中融入思想政治教育尤为重要。

(2) 现场性。理论教学的教学组织形式以班级授课为主,而实践教学突破了这种组织形式的限制,拓宽了教学组织的空间范围。实践教学具有较强的开放性和现场性,不拘一格开展教学活动,注重与社会现实的交接,鼓励在实训室和企业中开展课程活动,使学生走向社会,接触仿真或真实的情境、资料。学生在实践过程中学习,有利于提高学生解决问题的能力和感性认识。

(3) 主体性。教师在实践教学中不再占据主体地位,学生逐渐从教学的边缘走向中心,成为学习的主体。在实践教学过程中,学生开始主动参与、探索,根据自身不同的情况从中获取相关知识和技能。

实践教学要求重新认识和定位教师的地位,教师仍然是教学的设计者和组织者,但是其地位由主体地位转向了主导地位,主要任务是帮助、指导学生发挥主观能动性。

(二) 实践教学与实践教学能力的逻辑关系

实践教学的作用与职业教育所强调的能力本位教育思想在理念上是统一的。能力是人们顺利完成某种活动的必要条件,也是必须具备的个体心理特征。能力本位教育思想是以培养学生形成社会所需要的能力为出发点和归宿的,该思想引领高等学校办学的思想潮流,深受各国高等教育的青睐。

20世纪80年代,我国引入了能力本位思想,并在20世纪90年代大力推广,各高等学校以就业为导向,以培养学生实际工作中所需的实践能力为目标,并围绕此目标组织、开展相关教育活动。例如,高校以培养初级会计师为目标,属于应用型人才的范畴。从学生的角度看,并不需要过多的会计理论知识,而是需要解决实践问题的能力。学生实践能力的高低也是社会衡量高校教学质量的重要标准,因此,为了适应更多的新变化,高校必须要改变单纯传授知识的教学方式。

实践能力培养和实践活动紧密联系着,一方面,人的实践能力想要在实践活动中形成和发展,必须依靠实践教学过程。另一方面,从事某一种实践活动必须以培养某一实践能力为前提。实践能力培养促使高校教育的重心放在实践教学上,着重培养学生的实践能力,更好地贯彻能力本位的教育理念。教师是教学的主导,高校会计学科教学质量的高低受会计教师素质和水平高低的影响。教师的任务不仅是传授学生知识,还包括培养学生的能力和素质,因此,教师必须具备开展实践教学的能力。高校教育作为改革开放以后成长起来的一种新型教育形式，对促进职业教师资质的培养乃至教育的发展意义非凡。为高校会计专业培养"双师型"教师是高等院校会计教育专业的"主营业务"，也是高校教育形式存在的历史使命，关系着未来高校会计专业的兴衰，高校教育任重而道远。高校会计教育采取实践教学方法是提高学生实践能力的有效途径。

三、高校会计专业实践教学体系的内涵剖析与要素

（一）高校会计专业实践教学体系的内涵剖析

会计专业实践教学是沟通专业理论和实务操作的桥梁，是培养应用型会计人才的重要环节。高校会计专业实践教学是一个有机整体，它包括实验、实训、实习三个环节。

1. 实验

实验属于实践教学的第一个层次，根据教学进度分步进行，主要是指对理论知识的验证，是认识性的实践环节。

2. 实训

实训属于实践教学的第二个层次，通常作为一门单独的课程在专业课结束后开展，主要是指在模拟或仿真的环境中，经过反复的训练掌握某种技术和技能，是阶段性的实践环节。

3. 实习

实习属于实践教学的第三个层次，一般在专业课结束后的暑期或最后一个学期进行，主要是为了了解某种工作方法进行的实际演练活动，是综合性的实践环节。

（二）高校会计专业实践教学体系的要素

1. 实践教学目标定位

现阶段我国高校会计专业的培养目标是培养具备某一特定职业所需的综合职业能力，且为生产和管理第一线服务的应用型、技术型人才。实践教学目标是实践教学体系的核心内涵，决定着实践教学体系的评价标准和内容设计。

2. 实践教学内容设计

（1）会计专业实践教学内容的构成。实践教学内容的设计必须为实现实践教学目标服务，即实践教学内容要有利于学生获得扎实的职业能力。实践内容的实施包括课内实验、顶岗实习等形式，会计实践教学内容包括以下三个方面。

①核算型实践。会计的基本职能是核算和监督，由于核算型实践一般用于验证性实践，因此其教学要求相对较低。加强学生对主体经济活动的判断能力，使其熟练账务会计工作操作规范，以及使学生形成会计责任观念，是实践项目的主要任务。

②管理型实践。管理型实践的教学要求相对较高，以提供对决策有用的会计信息为首要目标，因此会计作为现代管理科学的重要组成部分，又具备了管理职能。在经济全球化的大环境下，充分发挥会计管理职能是企业提高管理水平的关键。

③特殊行业实践。高校主要培养企业通用的会计人才，但实践教学活动在特殊行业实

践方面力度薄弱，导致许多高校毕业生无法满足市场需求。特殊行业实践有助于学生适应不同行业的会计工作需求，其内容以制造业企业会计实践内容为基础，高校根据自身的任教师资、实践环境，以及学制设置等方面的具体情况，兼顾金融企业、建筑企业、商业企业、非营利组织等特殊行业的会计实践，为学生在就业的行业属性上提供了更多的选择。

（2）会计专业实践教学内容设计和实施的注意点。会计专业实践教学内容设计需要注意以下三个方面。

①与时俱进。现代企业会计部门的岗位设置要求随着社会的发展不断产生变化，因此高校应有针对性地设计实践教学内容，其内容应具有先进性、适应性和较强的仿真性。

②形式多样。在会计专业人才培养方案中，实践教学内容通常以校内和校外两种方式进行，校内主要组织学生进行技能训练，一般可采取单项或综合技能训练两种形式，即实验和实训。将实验融入日常教学中，一般在上课地点即可完成，有利于提高实践教学的有效性；校外则安排学生进行顶岗实习，主要是进行综合操作训练，通常安排在理论课程完成后进行。

③循序渐进。首先应通过核算型实践为学生打好专业基础，再实施管理型实践和特殊行业实践进行拓展。会计实践教学内容可以分为三步，即认知性—技能性—应用性。

（3）会计专业实践教学评价机制。实践教学评价可以分为量性评价方式和质性评价方式，为保障实践教学的高效能，要求高校通过对教学实施过程的评价，不断优化、调节相关实践教学内容，最大限度地促进学生思维发展。

进行会计专业实践教学评价应注意以下方面。

①评价内容的多元性。评价机制的核心是评价内容。评价内容的设计需要符合职业素质与工作作风、过程与方法、知识与技能三大目标。评价的具体内容包括：参与态度、实践资料、工作态度、师生双方互评、实践效果、实践内容、指导方法等多个方面。

②评价主体的多重性。会计实践教学的评价主体包括教学督导部门、企业会计人员、教师、学生等，具有多重性。实践教学的质量和效果评价受评价主体的立场影响，如企业会计员的评价标准一般以学生未来的发展潜力或已具备的专业技能为主；学生主要关注教师绩效、教学设施和实践环境等方面；教师主要从实践过程、实践成果、技能发展、目标达成等方面来收集相关信息。

③评价方法的多样性。评价内容具有多元性的特点，因此其评价方法应注重多样性。具体可以采取以下几种方法进行会计实践教学评价。

a. 表现评价。它主要是对学生解决实际问题的能力进行评价。这类评价不仅能评价学生专业技能的学习程度和理论知识的掌握程度，还可以评价学生在实践活动中的团队合作意识、职业素质、创新精神等。

b. 调查评价。这是一种辅助评价，主要针对会计实践教学。通过设计问卷、接收学生实习企业反馈，以及现场走访等方式，了解学生职业岗位技能的相关信息进行评价。

c. 成果评价。通过成果检验评价教学目标的达成情况，是实践教学最直接的评价方法。会计实践教学成果指学生提交的纳税申报表、案例分析报告、凭证、账簿、报表,以及财务分析报告等。在进行成果评价时,应更重视得出结论的过程。

d. 自我评价。这主要是指学生对自己在实践教学过程中的表现和取得的成果进行评价。例如,学生可以通过撰写实践心得,回顾、反思和展望在实践中发现、分析、解决问题的过程,有利于提高学生的思维能力。

四、高校会计专业实践教学的体系结构

(一) 建设三位一体的会计专业实践教学课程体系

1. 课堂实践

课堂实践体系通常集中安排在后半学期实施。基本技能项目实训包括以下几种。
①规范地粘贴原始凭证。
②根据原始单据,可以正确地登记账簿,以及编制相应的记账凭证。
③熟悉记账凭证账务的流程,并能规范地结账、编制会计报表。
④让学生识别常见的原始凭证。
⑤学会错账的更正方法。
⑥正确地书写大小写数字。

2. 校内综合模拟实训

校内综合模拟实训通常安排在大三的第一学期来完成,是对所学课程的综合检验。模拟生产性企业的经济业务,开展为期两个月时间的实训,将不同的项目分给各个学生团队进行手工账务处理,培养学生的团队合作、沟通的能力,以及岗位责任意识,达到提高学生处理日常业务能力的目的。

会计电算化综合实训包括两方面,一是财务软件操作,二是纳税申报系统操作。在学生手工实训完成之后,通过会计报表的编制和会计电算化的账务学习,学生更加熟练地掌握系统软件,进而验证手工实训结果。

3. 企业顶岗实习

课堂实践与校内综合模拟实训为学生顶岗实习打下了坚实的基础。企业顶岗实习通常安排在最后一个学期,通过与实习基地的合作,组织学生完成顶岗实习。企业顶岗实习使理论和实践有机融合,实践教学环节依次递进,由易到难,有效地提高了学生的实际操作技能。

(二) 保障实践教学体系的有效实施

1. 加强专业师资队伍建设

实践指导教师的业务素质影响着实践教学质量,因此高校应加强专业师资队伍建设。

(1) 设立专项教师培训资金。高校应积极为教师创造条件,设立专项教师培训资金,激励专业教师进行主流软件操作的培训,如用友、金蝶等,使教师学会会计电算化软件的安装技巧,熟练掌握软件具体的操作程序。

（2）重视对外交流。高校应抓住机会，利用企业搭建的平台，扩大对外交流。鼓励教师积极探索学科发展的前沿，丰富实践教学经验，及时更新知识，有利于提高教师的业务素质。

（3）鼓励教师走出校门。高校应采取走出去、请进来的策略，即鼓励教师走出校门，聘请实训基地的会计主管做学校的兼职教师。教师可以通过在财务公司、税务师事务所、会计师事务所等实训基地长期兼职，在实际操作中逐渐丰富自己的实践技能，为课堂教学积累案例。聘请专业会计师定期开展专题讲座，鼓励教师参加并进行交流、探讨，有利于教师创新理念，开阔视野。

（4）打造名师工程。高校应积极打造会计教学团队，争创国家级优秀教学团队，全面提高教师队伍的实践教学技能和职业素质。

2. 创新教学模式

会计实践教学采用多种形式和手段来提高学生基本的实践操作能力，如任务驱动、合理运用多媒体技术、案例教学、项目导向、实物演示等。可以按照项目安排进行基本技能和岗位技能的教学，如账簿的登记和结账、会计凭证的填制和建账，以及错账更正等，教师可以通过多媒体和实物演示相结合的教学方法，组织学生进行动手操作。

财务软件的教学一般采用保姆式教学方式，按模块实施。学生边观看专业教师的演示边动手操作，教师演示完后需要给学生充足的练习时间，并在此期间巡回指导，帮助学生解决操作问题。

3. 建立科学的实践教学考核体系

高校应结合课程的性质制定专业课程的考核方案。加大实践性课程的实践成绩比重，评价应突出学生实践操作能力，具体包括出勤情况，期末考核、实践的作业及实施过程的表现等。

4. 深化校企合作

（1）由实践教师和兼职教师合作开发教材，不断完善、优化教材体系，规范实践教学活动。

（2）努力改善校企合作困难的现状，积极创造条件实现校企双赢。利用政府搭建的平台，开展校企合作。由于学生对企业的业务缺乏了解，因此可以组织学生到财务部门、生产企业的车间、供应科、仓库等参观学习。高校可以与会计师事务所、财务公司等建立长期的合作机制，安排学生进行真账实操，提高其就业竞争力。

五、高校会计专业实践教学的策略探讨

（一）高校会计专业实践教学策略实施的保障

1. 拓宽渠道，大力改善实践教学设施建设

高校可以根据自身情况，利用社会力量改善教学条件。例如，对校内原有的实验设备进行调整，使学生更早地接触到真实的工作环境，提前适应职业工作；或者充分挖掘学校

内部投资潜力，调动社会力量投资支持办学，利用企业资金更新教学设施等。

2. 加强实践教学"双师型"师资队伍建设

师资是办好高校的先决条件，是高校的主体力量。实践教学的专业教师需要具备专业实践和社会实践经验，熟悉计算机操作。

各个地方院校应重视实践教学师资队伍的建设，不断进行内部培养和外部引进，形成一支实践能力强、专业结构合理、教学水平高的"双师型"教师队伍。

（二）高校会计专业实践教学策略设计的目标和原则

1. 高校会计专业实践教学策略设计的目标

实践教学目标指引着教学活动的组织和开展，并以实现目标为终极目标。因此，目标的确定是高校会计学科实践教学策略的关键，也是最重要的步骤。一般来说，实践教学不仅要培养学生的实践能力，还要使学生形成实践智慧，培养学生的创新能力。

其实践教学策略设计的目标可以概括为以下几个方面。

（1）传承会计知识和技能。这是实践教学策略设计最基本的使命。会计是一门实践性很强的学科，必然要求学生走向实践，在实践中去学习知识和技能，让学生理解相关经济业务的会计处理过程离不开实践教学，它能使学生更好地理解为什么要做，关键是要学会做，如何在错综复杂的经济环境中处理好经济业务，为企业做好管理工作服务。

（2）培养学生良好的实践态度。实践教学要求学生在实践过程中形成良好的职业态度，以及培养高尚的品质，这也是实践教学策略的重要目标。高尚的品质和良好的职业态度是为人处事的基本要求，学校教育是人格培养的重要场所，实践教学能引导学生通过实践学会如何处理好与自然、社会和他人之间的关系，学会如何和谐相处，形成明辨职业是非的能力，逐步形成高尚的品质。

（3）促进学生创新能力的培养。创新是一个民族的灵魂，也是一个社会发展的动力。从普遍意义上讲，高素质的形成，创新精神的培养，要以学习为基础，重视学生的实践能力。学生的创新过程就是一个实践的过程，而且创新的成果也要通过实践去检验。从本质上来讲，实践教学和创新能力的培养是统一的。离开了实践就不可能有创新，因为创新必须有相应的基础，是对现实的基础进行一定程度的改进，如若对现实一点都不了解就谈不上创新。因此，只有通过实践才能解放学生被抑制的创新思维，提高学生的创新能力。

（4）生成实践智慧。智慧来源于知识和技能，知识需要通过大量的实践活动，不断对知识进行活化和内化，才能转化为智慧，实践经验是生成智慧的关键。会计是一门具有二重性的学科，既可以称为一门科学，也可以称为一门艺术，许多会计处理方法并不是唯一的。高校会计学科实践教学策略实施的目标体系具有多纬度的特点，从基本的知识和技能传承、职业态度的形成，到实践能力与实践智慧的生成，为高校会计学科实践教学策略的设计明确了方向。

2. 高校会计专业实践教学策略设计的原则

（1）目标性原则。实践教学策略必须围绕教学目标进行设计，且要服务于教学目标。

因此，要求实践教学策略设计要以高校人才需求为出发点，以培养高校会计学科人才为主要目标。

（2）系统性原则。使学生熟练掌握知识和技能是实践教学的主要目的。实践教学策略必须遵循教育规律和认识规律，使各个环节之间彼此关联，相互衔接，并贯穿于全部学习过程。

（3）循序渐进原则。会计实践教学应该按照其逻辑顺序开展，循序渐进。从会计内容的角度来看，实践教学应该从一个环节到全过程的逐步认识完善、从单项到综合逐步走向全面、从简单到复杂逐步提高。从实践形式的角度来看，实践教学也应遵循此原则，即初级的会计核算能力到中级的财务问题分析与解决能力逐级深入，逐步深化知识和技能，最终形成能力。

（三）以示范模拟为主导的会计核算能力培养策略

1. 创设立体型的课堂情境

课堂是指进行各种教学活动的场所，是一个空间概念。一般来说，课堂应该是学生参与的立体型课堂。立体型课堂情境的创设是通过提供会计核算的原型，以及展示相关的会计处理过程来实现的，它是学生观摩后参与到实践中的一种教学方式。例如会计凭证，学生通过观摩教师提供的、已经完成的凭证，然后动手填制空白凭证。

2. 创设社会课堂情境

学校教室是我国高校课堂教学活动最常用的场所。会计作为一门实务性较强的学科，需要走出教室，与社会企业相融合。要求高校将课堂搬进企业内，为学生提供参与实际的财务核算的机会，并结合实际经济业务开展教学活动，为学生创设实践学习的情境平台。

3. 创设仿真课堂情境

由于财务部门是商业机密的集中地，有企业的商业秘密，因此高校会计学科不能将所有的实践教学活动都安排在财务部门，但是离开了实践情境的会计教学寸步难行，社会企业与教育机关之间的矛盾促使人们把企业财务部"搬进"学校实验室，设置会计模拟实验室，模拟企业的各种财务核算活动。如银行会计处理教学可以在学校的模拟银行开展，一部分处理前台业务，一部分处理后台业务。

4. 示范模拟教学

（1）教师示范教学策略。会计核算理论和实务之间需要教师示范，即在教学过程中，学生通过观摩教师实际操作业务的演示进行模仿学习，达到熟练操作的一种教学方式。教师在示范过程中应配合理论进行讲解，使会计核算的结构、方法更加清晰、形象地呈现在学生眼前，逐步建立起自己的概念框架。

①人—机结合示范策略。现代科技的发展给教育带来了福音，高校引入了现代教育手段，丰富了会计示范教学的手段。会计示范教学过程中除了教师身体力行向学生示范如何操作之外，也要充分发挥现代科技的优势。

②总—分结合示范策略。人的认知始终遵循从简单到复杂、从外部到内部的规律。在

会计示范教学过程中，教师应把握好主次，通常先总体示范如何处理会计业务，再按照内在步骤分步示范，并且对于易错环节进行重点讲解，最后再进行一次整体的演示。

③正—误结合示范策略。要求教师的示范教学必须操作规范且动作技能正确，并能巧妙地运用错误示范，使学生引以为戒，提高警惕。

(2) 教师和学长指导策略。现代教学要求充分发挥学生的主观能动性，落实以学生为主体的教学理念，使学生自主建构知识和技能。学生在自主实践的过程中，会遇到许多的困难，教师应及时帮助、引导学生解决问题，避免学生因此产生紧张的情绪。教师的指导会使学生思考、解决问题的效率事半功倍。

①实践前指导。教师完成示范后，应该做好定位工作让学生明白自己的实践内容以及目标，有效的实践前指导能保证教学顺利开展。

②实践中指导。学生在会计实践过程中遇到困难或出现违规操作的概率非常高，教师必须做好学生实践过程中的控制工作，对学生加以指导，降低发生实践偏差的可能性。

③实践后指导。学生完成实践任务后，教师要做好总结指导和诊断工作，针对实践中出现的带有普遍性的问题、发展学生智能及实践技能有关的问题，进行总结性评价。

④学长制指导。在高校会计学科教育中，仅仅靠任课教师和若干实验员组成的指导力量是非常薄弱的，而学长制的实施则可以解决指导教师欠缺的困难。学长制指部分高年级的学生参与指导工作。高年级学生参加过会计核算实践，基本掌握了会计核算能力，而且接受了教育学相关理论的指导，已经具备了一定的实践教学能力，在实践教学工作开展之前，对其进行相关的培训后把其分到各个财务小组进行指导。学长制的实施可以缓解教师的指导压力，加强指导力量，使每个学生都有机会得到指导。

(四) 财务问题分析和解决能力培养策略

会计核算能力是高校会计学科实践能力中的基础能力，是成为管家型会计人员必须具备的能力。在现代经济社会的要求下，会计不仅具有管家能力，还应具有分析和解决财务问题的能力。因此，在培养会计教师实践能力的过程中，高校应该重视其分析和解决财务问题能力的培养。通过给予学生一种仿真的经验或提供一种实践的问题情境，学生设身处地地思考和解决问题，即案例教学。

1. 搭脚手架，构建概念框架策略

案例分析是用相关理论知识分析和解决财务问题，提高问题解决能力的过程。教师应先向学生讲授案例分析过程中的概念框架，使学生了解其基本概念和原理，才能有效地开展案例活动。

理论讲解可以采取以下两种策略。

(1) 讲授式讲解策略。会计教学并不是否定讲授教学，而是要求讲授教学与实践教学相结合，它能更全面、系统地传授基本知识。为了使学生更好地掌握知识、提高能力，教师在教学过程中需要注意理论部分的知识传授，应该求少而精，注重激发学生的自学性、主动性。

（2）自学式概念学习策略。案例分析所需的知识是大容量的，但是学生通过教师讲授所获取的知识是有限的。因此，在构建理论基础的过程中，要求教师为学生提供相应的参考文献，学生通过自主学习累积基础知识。

2. 创设情境，形成问题质疑策略

建构主义理论大力倡导学生在情境中学习，主要是指向学生提供解决问题的原型，使学生融入实际的情境中，在发现、思考、解决问题的过程中掌握技能。

在案例教学过程中，学生身临其境地参与实践过程，不断解决实际操作问题，这有助于提高学生思维的活跃性，以及充分调动其参与问题的积极性。一般来说，案例教学中的案例既是情境，也是问题，让学生融入案例所提供的实践情境，身体力行地解决案例中所出现的问题。会计案例教学的创设方式与会计案例的呈现方式相同。

（1）以文字的形式呈现策略。会计案例以文字形式呈现的情况下，其篇幅长短不一。有的案例短小、精练，包含的信息量较少；但也有篇幅较长、包含的信息量较大的案例，长的可以达到几十页。

（2）虚拟电子案例呈现策略。我们所处的时代可以说是一个视觉时代，喜欢用感官快捷地认识世界。因此，各个高校会计专业教师应在案例教学的情境创设过程中，将现代化教学手段融入其中，例如，数字化技术、多媒体技术等。充分利用文字、声音、影像等载体丰富案例情境内容，不断优化其环境创设，为学生营造一种视觉与听觉兼备的氛围。

3. 阅读案例，自主解决问题策略

案例教学是一种过程性的实践教学活动。因此，只有使学生全身心地投入案例情境中，才能有效地提高其分析和解决财务问题的能力。通读案例是案例分析的首要环节，也是最重要的一个环节，其要求学生进入案例所提供的情境后按照以下顺序进行。

①站在企业管理者的角度了解案例的相关背景和基本情况，通过多种方法对案例进行分析，如查找资料等。

②分析案例中错综复杂的事件，探究产生问题的根本原因，结合自身的知识和经验，尽可能多地提出各种问题解决方案。

③通过个人总结或团队讨论，详尽分析方案目前存在的问题，以及实施的必要条件，总结该方案给企业带来的发展和不足，从而选出最佳方案。

4. 合作分析，形成思维共振策略

案例分析的中心环节是讨论，是学生形成财务问题分析和解决能力的关键步骤。案例教学过程不是寻找正确答案的过程，事实上，案例分析的结果不存在对与错，存在的只是可能正确处理和解决问题的具体办法，而解决问题办法的正确与否只是个人对案例问题理解的不同而已。

（1）小组讨论。小组讨论以案例自主分析的方式进行，学生根据案例的基本信息，经过分析、总结后形成个人的观点，由于自主分析容易带有个人主观色彩，且对案例的分析很有可能不全面，因此在分析过程中难免会碰到阻碍。

通过以小组为单位组建案例分析共同体，发挥优势互补，共同讨论，集思广益，形成思维共振，讨论共同体在各成员自主分析的基础上就案例内容的主要问题、原因和决策等形成共识，并准备好发言提纲，为课堂中的小组讨论做好铺垫。

（2）全班讨论。全班就案例的讨论是小组讨论的延续。在小组讨论的过程中，各组选出代表向全班陈述其观点，之后接受教师与其他小组成员对相关问题的提问，也可以提出本小组内发现的问题。由于教学活动具有双向性，因此教师在案例教学过程中应起着组织和引导的作用，通过不断提问，引导学生自行思考、分析和讨论，甚至可以故意给学生出难题，迫使学生动脑子去思考，教师提供的案例可以是完整的，也可以是有缺陷的，可以是正面的，也可以是反面的。

5. 总结反思，消化提升理论策略

反思在案例教学过程中具有十分重要的作用，学生不断进行反思，不仅能帮助学生总结经验，不断提高学生对财务问题的分析、解决能力，还能在分析过程中为学生提供新的思路。

（1）事中元认知教学策略。元认知是对认知的认知，案例分析是一个实践认知的过程，就是对于什么因素影响人的案例分析的过程与结果、这些因素是如何起作用的、它们之间又是怎样相互作用的等问题的认识等。

（2）事后总结反思教学策略。在案例分析结束后，要求教师进行总结和评价工作，充分发挥案例分析的作用，有效地提高学生处理问题的能力。由于案例是开放式的，因此可以做出多种不同的结论，教师必须要注意在总结和评价的过程中不能做出结论。同时，学生需要在案例分析结束后做好总结。

第三章　高校会计专业教学手段与方法

第一节　高校会计教学的基本手段

一、讲授

(一) 讲授的含义与类型

1. 讲授的含义

讲授，是教师所采用的最常见方式。讲授的手段即教师在课堂上说话的手段。人们常说，教师是凭嘴巴吃饭的人。所谓凭嘴巴吃饭，就是凭口才吃饭，也就是通过在教学活动中向学生传道、授业、解惑来工作。可见，教师的"说"，是其工作的基本方式。他对学生所作的一切传道、授业、解惑的工作，都可以用"说"的方式来完成。讲授作为一种教学手段，指的是教师在教学活动中为了完成教学任务，为了让学生了解教学内容，面向学生个体或集体所进行的讲述、讲解、提问、答疑、评价等发声活动，以说话的形式来组织教学而采用的一种教学方式。它既是教学活动中最原始的教学方式，也是历史最悠久的教学方式，同时也是最富生命力的教学方式。无论是在过去，还是在现在，甚至在将来，讲授的手段都是必不可少的。

教学活动之所以离不开教师的说，是因为教师的说所发出的声音维系教师的"教"与学生的"学"，是他们之间建立联系并实现沟通的一种信息的有效传播方式。教材里的内容靠学生自学是有困难的，要想掌握就必须依赖于教师的教。教师的教，可以是引导、可以是启发、可以是解释、可以是指点。但是，引导也好、启发也好、解释也好、指点也好，都只能依靠教师的说来实现。也就是说，教师要完成教学任务，达到让学生了解与掌握教学内容的目的，必须采用讲授的手段。

当然，教师的说虽然是必不可少的，但也不是多多益善，搞"一言堂""满堂灌"，是不符合现代教育发展要求的。教师的说，说到底是服务于学生的学的。学生是学习的主动者，如果一味被动地听教师的说，那么学生的学也会走向消极，走向被动，即便是接受了教师细嚼出来的食物，所吃到的食物也是缺乏新鲜感的，最终也难以学到自己觅食的本领。一名真正的好教师，要让学生在教学活动中学会学习。这就需要教师少说、精说，讲究说的方法，而不是滔滔不绝，一"说"到底。教师的说，应该为学生学会学习提供帮助。

在教学活动中，教师的说，有时面向学生个体，有时面向学生小组，有时又面向学生集体。面对不同的说话对象，说的方式、语气、措辞等也会因人而异。这需要教师了解说话的对象，包括了解学生个体的个性、能力、心态，了解学生小组的特征、需求，了解学生集体的共性、差别等。我们常说，对什么人说什么话，这一点也同样适用于教师。这表明，无论教师说的内容和方法如何，总要受制于说话的对象，受制于学生的特性。

对于大学的会计教师而言，"说"也是一种基本的教学手段。面对大学生，教师可根据其年龄、心态、需求与学习规律，采取恰当的讲授手段，既启发他们学，又促使他们学；既帮助他们学，又让他们学会学。这是会计教师的基本职责所在。

2. 讲授的类型

在课堂教学中，教师的讲授大致包括讲述、讲解、提问、答疑、评价五种类型。

（1）讲述。讲述指教师以述说、介绍的方式所进行的讲授或说话。讲述，一般采用陈述的语气，语调平稳，语速平缓。它既要求口齿清楚、条理明晰、声调抑扬，也要求有适当的动作与表情相配合。讲述，既用于课堂导入和穿插过渡，也用于背景材料介绍和相关材料的补充说明。在会计教学中，介绍会计的产生与发展、介绍会计核算的方法、介绍会计的相关法律法规、引述会计的实例，都需要教师的讲述。讲述，既需要简洁明了、通俗易懂、生动形象，也需要幽默风趣，这对会计教师的口才要求较高。

（2）讲解。讲解指教师以解释、分析、比较、证明的方式所进行的讲授或说话。讲解，一般用于教学活动中的重点、难点、疑点，目的在于帮助学生消除理解与掌握的障碍。讲解时，采用的是分析与概括、归纳与演绎、推理与证明等思维方式，也少不了举例子、打比喻、做手势，讲究逻辑征服、实证说服与形象说明。从表达方式上看，讲解主要采用议论说理的方式，以理服人、以理喻人、以理饶人、以理动人是其功能特征。讲解，既需要教师站在学生角度思考问题，也需要教师按照学生的思维方式来进行表达，并通过讲解带领学生思考，从而实现教师引导下的自主学习。在会计教学中，讲授概念、阐释原理、揭示规律、分析案例，都需要采用讲解的方式。它既要求深入浅出、引人入胜、理论与实践相结合，也要求逻辑严密和条理清晰，这最能体现会计教师的教学才干。

（3）提问。提问指教师以置疑、问难的方式所进行的讲授或说话。提问，一般采用疑问的语气，有时又带有祈使的语气。它的功能在于启发与诱导、调动与促进，是教师发挥教学职能并约束学生学习的一种有效手段。提问，既可以引发思考，也可以引发讨论，甚至可以引发研究兴趣。提问的目的在于开启学生的思维，提高学生的学习热情，同时落实对学生的训练。会计教学中的提问，可以是有疑而问，可以是无疑而问，也可以是自问自答。因此，提问的方式有疑问、反问与设问三种。从方法上来讲，还可以有追问、直问、曲问、趣问等问法。教师所提的问题，应该具有一定的价值，可以帮助学生学习，不能为了提问而提问，搞表面热闹而内心无动于衷的形式主义。提问的措辞，宜多问"是什么"

"怎么样""为什么"之类的问题,尤其要多问"为什么不"之类的问题,而少问或不问"是不是""对不对""好不好""要不要"之类的问题。在教学过程中,会计教师向学生提出一些问题,既可以起到深化教学、调动气氛、穿插过渡、承上启下的作用,也可以起到开掘引申、言有尽而意无穷的作用。大学的会计教师们,应该既乐于提问,又勤于提问,还要善于提问。

(4) 答疑。答疑指教师回答疑问、解答疑惑的讲授方式。回答疑问,指教师回答自己的提问;解答疑惑,指教师回应学生的求教。课堂上,教师提问以后,学生回答了,但到底对不对,究竟怎么回答,最终还需要教师来总结或回答。课堂上,学生也会举手发问,请求教师解答疑惑,大学生甚至会因为对教学内容表示怀疑而提问。这样,教师更应该回答。答疑时,一般会以说明与议论的方式来说话,采用陈述的语气。当然,也可以以问代答,以启发代替回答,把思路留给学生,让他们自己找到答案。教师还可以答一半、留一半,或者只回答一部分,而要求学生自己回答另一部分。这些都是比较巧妙的答疑方法。答疑,既要求教师灵活机智,也要求教师谦恭诚实,还要求教师讲究技巧。

(5) 评价。评价指教师对教学内容或学生表现进行评析、褒贬而进行的一种讲授方式。评析,针对的是教学内容或教材内容;褒贬,针对的是学生的表现,包括对其答问、练习、演算、操作等情况的表扬或批评。大学教师应具有学术勇气与独立见解,对于教学内容或教材内容,以及使用的会计案例,都可以进行评点,发表自己独到的看法。对于大学生在学习过程中的参与和表现,教师也有责任给予适时、恰当、中肯的评价,指出学生的不足、肯定学生的优势,并以此来鼓励学生的学习。这样的评价一般采用陈述语气与感叹语气相结合的方式,而且情理相生的色彩较为鲜明。评价,要求中肯恰当、切中要害,要求一分为二、鼓励为主,也要求公平公正、客观冷静。教师在评价学生时,需要控制情感、发挥理智,也需要实事求是、不偏不倚。因此,评价对教师的要求较高。

(二) 讲授的操作与要求

1. 讲授的操作

在教学过程中,不管教师讲授的内容和目的如何,也不管采用哪种讲授类型,都会表现出一个过程。这个过程大体为,明内容—理头绪—定口气—控声音—带表情,共五个环节。每一环节的操作情况分别如下。

(1) 明内容。内容,即教师讲授的内容,是讲授的外在表现形式——声音里面蕴藏的含义。它是教师的讲授所要传达的信息。会计教师正是通过讲授去传达信息,从而完成教学任务,实现教学目的。当教师的讲授在头脑中酝酿时,要先明确讲授的内容。决定讲授些什么,表达出怎样的意思,是教师讲授的先决条件。教师的讲授内容是由教学目的、教学内容、教学过程、教学方法,以及教师的教学思路与教学设计等因素综合决定的。会计的概念与原理、规则与关系,都需要教师的讲授。我们所说的明内容,意思就是说,当会计教师在课堂上进行讲授时,事先在头脑中明确所讲授的内容。其实,明确讲授的内容,也就是明确讲授的目的。没有内容的明确,教师所发出的声音就会不知所云。

（2）理头绪。头绪，即条理，是教师讲授时所讲授内容的思路与先后序列。当教师明确要说的内容以后，必须迅速围绕所要表达的内容整理出说的头绪，想清楚先说什么、后说什么，并且把先后顺序的逻辑关系理顺。如果教师要讲授的内容是一团毛线的话，那么讲授的头绪就是把这团毛线整理成一个个毛线球，以便于讲授时能依次说出来。所以，理头绪的过程，实际上是在头脑中排列语言序列的过程。头绪不清，就会出现东一句、西一句、这里说说、那里讲讲、什么都说、什么都说不清的情况。头绪不仅受制于讲授的内容，也受制于教师的思路，还受制于大学生的接受心理。也就是说，理清头绪的时候，除了要围绕讲授的内容构思和理清表达的思路，还要考虑能否与大学生接受的心理过程相适应。

（3）定口气。口气，指讲授的语气，即对什么人说什么话，解决什么问题怎么说，用什么方式说等。会计教师讲授时，面对的是理性程度较高的大学生，讲授的是理性色彩比较鲜明的会计理论，而要达到的则是形象生动、深入浅出的教学境界。因此，讲授的语气应该是亲切自然、热忱关切，对大学生的平等对待，充分体现对理性内容的生动讲授。当然，不同类型的讲授内容也应采用不同的语气，讲述与答疑时采用陈述的语气，讲解与提问时采用疑问的语气，评价时则采用感叹的语气。语气确定得好，能确保教师的讲授富于人情味，并使教师的讲授具有人性化色彩，也能使教师的讲授风格变化多样。

（4）控声音。声音，指教师讲授时所发出的声音。控声音，指教师在讲授时，根据教学的环境与内容来控制自己所发出声音的音量、速度、节奏、停顿、重音等因素，从而使学生更容易接受。在教学活动中，教师讲授的声音应该洪亮，吐字应该清晰，语速有快慢疾徐，语音有抑扬顿挫，节奏分明、停顿适当、重音突出。这些都是控声音的具体内容。会计教师要将理性化的知识讲得生动有趣，必须要在语言控制方面多下功夫。

（5）带表情。表情，指教师讲授时的面部表情，与身体动作简称为声势语或体态语。教师在课堂上的面部表情能够传情达意。其身体动作主要包括手势、站姿、身向，也能协助语言表达意义，同时又能促使教师发出更加亲切、自然、有效的声音。

所以，教师在讲授时必须附带表情与手势。没有表情就会拉开与大学生的心理距离，显得目中无人，也会使讲授的内容出现心口不一的特征，很难吸引学生、打动学生、征服学生。特别是会计学科，如果毫无表情地讲述枯燥无味的会计数据，只会降低学生学习会计专业知识的兴趣。富含表情与动作的讲授，既是教师投入的表现，也是教师人情味的集中体现，能够达到良好的教学效果。

2. 讲授的要求

会计教师的讲授，存在质量要求与方法要求两个方面。

（1）质量上的三个具体要求。

①说得少。现代教学论主张，教师应该说得越少越好，而把大量说的机会交给学生。西方国家的大学课堂，教师的讲授大约只占课时的三分之一，其余三分之二的课时则留给学生提问与讨论，体现的就是这种主张。我国的教学习惯以讲授为主，学生也习以为常，

其实不利于学生的培养。会计教师的讲授要说得少，就是要求教师尽量少讲，甚至不讲、必不可少的讲授，也要单刀直入、直扑关键。当然并不意味着教师每一节课都要少说或不说，有时需要多说、说透，也可多说。这里提出的少说，是总的要求，具体是多说、少说，还是不说，只能由教学内容来决定。实际上，说得少，也就是说得精、说得准。"不鸣则已，一鸣惊人"，不说则已，一说便通，这才是少说的要领。

②说得巧。要讲究说的技巧，即少说的同时还要巧说。这是少说之后的必然要求。说得有技巧，不能一蹴而就，需要长期的摸索与经验积累。所以，巧说是对教师的高要求，既是口才要求，也是素养要求。常言道，"熟能生巧"，熟练了之后，技巧便产生。又有一句话，叫"巧舌如簧"，教师说得巧，就是要求教师有如簧巧舌。当然，巧舌如簧不等于长篇大论、滔滔不绝，而在于引而不发、点到为止，是少说之中的巧说。

③说得好。说得好的标准是多方面的。就说的方式而言，是形式多样、变化多端；就说的声音而言，是响亮动听、有影响力；就说的内容而言，是提纲挈领、切中要害；就说的效果而言，是传情达意，能帮助学生理解。站在学生角度来衡量，说得好就是让学生乐于听、听得懂、有收获。对教师自身来说，说得好就是说得高兴、说出情味、说出理趣、说出自我。

（2）方法上的八个具体要求。

①准确严密，富于科学性。会计教师的讲授，语言要合乎语法规范，没有语病；词语、术语、概念要准确无误；分析得清楚、概括得准确、推理得严密、评价得中肯、表述得清晰；介绍的知识正确，提供的信息真实，没有歧义。

②言简意赅，富于示范性。所有教师都有一个共同的责任，就是在教学过程中，在向学生进行讲授时，让学生学会说话，提高其口头表达能力，会计教师也不例外。要达到这个目的，会计教师必须自己能讲好，能为大学生起到一个良好的示范作用。教师的讲授，应该是干净利落、条理清晰、言简意明。

③激思明辨，富于启发性。课堂上，教师的引导作用是靠启发性的讲授来发挥的。这要求会计教师的讲授能激疑、设疑，能启发、诱导，能判断、评价，最终达到启发大学生思考，帮助大学生明辨是非、正误、真假的目的。

④通俗易懂，富于教育性。会计教师的讲授，语言应该口语化，尽量通俗易懂。语气应该随和亲切，平易近人，能从字里行间显示对学生的关心与爱护，能在讲授的过程中表明教师的情感态度、价值观念，并以之影响学生、感染学生、教育学生。

⑤生动形象，富于吸引力。生动活泼的教学语言，总是受人欢迎的。会计教师的讲授，要尽量做到形象生动、妙趣横生，并能以此吸引学生的注意力，激发学生的学习情趣，增强课堂教学的凝聚力。这既离不开生动的比喻、具体的实例、形象的描绘与故事的述说，也离不开教师的表情与动作。

⑥声情并茂，富于感染力。在会计教学的教材内容与相关法规里，均难见到情感鲜明的成分，但是在会计的案例分析中，特别是在会计人员的思想意识中，则包含着丰富的情

感色彩。会计教师就要在这些内容之中挖掘情感因素，借助自己的讲授，声情并茂地表现出来。

⑦幽默诙谐，富于趣味性。幽默是机智的表现。诙谐的语言，能显示说话者的智慧，并能让听众在捧腹大笑之余得到收获，并饶有兴趣地听下去。大学生最欣赏幽默诙谐的教师。会计教师如能在讲授时带上幽默诙谐的色彩，让大学生在爽朗的笑声中得到启迪，在轻松愉悦的氛围中学到知识，便是成功的标志。当然，幽默诙谐不等于吹牛皮，不等于开玩笑，也不等于逗笑，而应该是教学过程中的神来之笔，是教师开朗心境中的灵性之光，有时即使是换一个说法，或者换一个措辞，也能达到最佳的效果。

⑧展示风格，富于个性。每个人说话都有自己的方式和习惯。会计教师的讲授，更应有意识地形成自己特有的说话方式与习惯。情感丰富的教师，可以形成以理服人的风格；性格外向的教师，可以形成灵活机智的风格；性格内向的教师，可以形成严肃庄重的风格。滔滔不绝、口若悬河也好，慢条斯理、娓娓道来也罢，只要能让学生接受，只要能带来好的教学效果，都可成为好的讲授风格。

二、演示

（一）演示的含义与类型

1. 演示的含义

除了讲授之外，在会计教学中，教师使用最多的便是演示的手段。所谓演示，指的是教师在教学过程中借助相关的教学设备与材料，为了帮助学生学习而面向学生所进行的演算与示范、操演与展示等活动。由于教师在演示时总会利用一些教学设备或教学材料，因此演示的手段是一种典型的辅助教学手段。

在学校教室中，为教师的教与学生的学提供了一系列的设备，如黑板、粉笔、投影仪等。出于教学的需要，教师还可以自制一批设备，如标本、实物、模型、照片、图片等。为了配合这些设备的使用，教师们也会准备一系列供教学使用的材料，如幻灯片等。到了课堂上，教师授课时，如果利用这些设备与材料来帮助自己讲授，那么便是在使用演示这一辅助教学手段。正是因为采用演示手段教学必须借助与依赖这一系列设备与材料，所以演示的手段与讲授的手段比较起来，要复杂一些，也要昂贵一些，对教师来说也要难办一些。如果我们把这些设备与材料统称为教具，教师在采用演示的手段教学时，课堂上便出现了教师与教具两个能传达教的信息主体，教师是支配者，而教具是协助者。教师与教具的关系是，教师是教具的支配者，能决定使用哪种教具，什么时候使用，也能决定操作的方法与步骤；教具是教师的辅助者，能代替教师传达教的信息，体现教师的意图，也能完成教师自身的身体器官所无法完成的任务，甚至能取代教师的角色，让学生暂时忘记教师的存在与作用。所以，每当采用演示的手段教学时，就好像在学生的面前出现了两位教师，学生既能从教师那里获取教的信息，也能从教具那里获取教的信息。演示的手段，实际上是教师操作演示教具的手段，也是教具辅助教师传达教的信息的手段。

演示的手段之所以如此必要，主要是因为它在使用时能够综合作用于学生的视觉与听觉。使用这些教具教学时，不仅可以让学生看得更真切，还可以让学生听得更清楚，甚至可以让学生边看边听。这样，能使学生得到一个完整的印象，全方位感受。它的功能在于演示时可以通过多种方式来直观展示教学内容，给学生提供关于教学内容的比较完整的信息，从而达到教学的目的。它能为学生提供一个全方位的直观形象，把它的内核与历史都呈现出来。演示的手段，就是借助其所能提供的丰富信息，直接作用于学生的多种感官来发挥作用。多种传播方式和多种媒介能协调性地发挥作用。它在令学生直观感受的同时，能极大地激发学生学习的兴趣与热情，吸引学生的注意力，让学生获得愉悦，也能节省教师的体力。因此，演示的手段，是一种行之有效的教学手段。在会计教学中，利用算盘或计算器对账目进行核算，在黑板上图示账务处理的流程，勾画财务报表的表格，编制会计分录，列示丁字型账户，陈述会计案例，都可以采用演示的手段来进行。事实证明，在大学会计课堂上，采用演示的手段教学，既有益于教师的教，又有益于学生的学，既受到了教师的青睐，又得到了学生的欢迎。

2. 演示的类型

所谓演示，其中的演，包括操演与演算两种方式；其中的示，则包括展示与示范两种方式。所以，演示的教学手段，实际上包括操演、演算、展示、示范四种基本类型。会计教学中采用演示的手段，也主要有这四种基本类型。

（1）操演。操演指教师在教学活动中利用实验设备、教学机器及其相关材料来组织教学，并通过操作演示这些设备、机器与材料来传达教的信息，直观展示教学内容，完成教学任务而采用的一种教学方式。会计教学中的操演，主要指操演一些常规的电化教学设备及其相关材料。教师在会计教学课堂上将一些会计凭证、账簿与报表投影出来，既有利于提高教学效率，也有利于节省教师讲解的体力。

采用操演的手段既能产生对会计教学内容的形象展示作用，也能产生对会计教学信息的综合传达作用，既能产生对教师教学的辅助替代作用，也能产生对学生学习兴趣的激发促进作用，更能产生节省教学时间，提高教学效率的作用。可见，操演的方式应该大力提倡，广泛使用。

（2）演算。会计教学过程中，有不少内容需要教师演算给学生看。所谓演算，指教师对会计教学中的资料核算内容，利用黑板、算盘或计算器进行运算，给学生提供运算示范的教学方式。财务、会计与审计工作，离不开数学运算。对会计专业大学生来说，尤其需要学会这些数学运算。

一般说来，数学运算大致可采用心算、笔算、珠算、电算四种方式。会计教师均应在课堂上将这四种方式演算给学生看，所以演算的手段是会计教学中不可缺少的一种基本的教学手段。在这四种运算方式当中，心算与笔算需要使用黑板与粉笔，珠算需要使用算盘，电算需要使用计算机。总之，每种方式都需要使用特定的教学设备。因此，显而易见，演算的手段照样是一种辅助教学手段。它的使用目的在于让会计专业的大学生学会心算,提高笔算的准确性,熟练地使用算盘与计算机,训练会计运算的技能,掌握一种硬性的职业本领。会计教师的演算,实际上是一种示范,既是技能的示范,也是技巧的示范。其功能在于让学生边看边学,边学边会,有助于极大地提高大学生的学习兴趣。

(3) 展示。作为一种教学手段,展示指的是教师在教学活动中,根据教学的需要,向学生展示有关教学内容的照片、图片、实物、标本、模型等教具而采用的教学方式。由于要利用教具,它也是一种辅助教学手段。它与演示手段的区别在于,演示手段中使用的教具包括设备与材料两个部分,而展示手段中使用的教具则既是设备又是材料,是设备与材料的统一。照片、图片、实物、标本、模型等教具,本身既是设备又是材料,教师在展示这些设备的同时,也展示了材料。在展示的手段中,教师向学生展示的教具,是历史比较悠久的教具,其科技含量与技术含量都不高,花费不多,造价低廉,容易运用与普及,而且使用的时候不需要用电。与演示手段相比,它又是一种传统的辅助教学手段,也是一种有着顽强生命力的辅助教学手段,还是一种廉价的辅助教学手段。会计教学中,展示手段的运用主要是出示图片与实物两种情况。会计核算流程图、会计原始凭证和实物等,都可以在课堂上展示出来。通过展示这些东西,有助于教师的直观讲授,有助于学生的形象理解,当然也有助于教学效率的提高。

(4) 示范。会计领域的学习,最终要落实到业务的操作之上。大学生从未接触过会计业务,从学习到操作,需要一个过程。这个过程便是教师的操作示范。所以,示范指教师在教学过程中对实际操作业务的一种演示,通过这种演示让学生模仿学习,并最终学会操作而采用的一种教学方式。在会计教学过程中,会计凭证的填制、会计账簿的登记、会计报表的编制、会计档案的装订等都属于业务操作。在教这些内容时,教师的目的在于让学生学会操作。而学生的操作只能从模仿开始,因此少不了会计教师的操作示范。由于这种示范要么需要借助于黑板与粉笔,要么需要借助于投影与凭证,所以,它仍然是一种辅助教学手段。课堂上,在学生学习业务操作时,教师与学生的关系便成了教练与运动员的关系。教练要给运动员讲动作要领,也要示范并纠正运动员的差错,会计教师要给大学生讲会计业务的具体操作,也要示范,供大学生模仿,然后再纠正大学生的差错,最终让他们学会操作。从这个角度看,说会计教师是处理会计实务的行家里手,是不为过的。这种示范具有手把手的教育功能,也具有直观展示的教学功能,能够直接、具体地帮助大学生学会各种会计业务的操作技能,有助于他们将会计知识转化为会计能力。所以,需要大力提倡这一辅助教学手段。当然,这种示范,也可以与案例分析结合起来进行。

(二) 演示的操作与要求

1. 演示的操作

对会计教师来说,采用演示的手段教学,不管是操演与演算,还是展示与示范,任何一次的演示,均会表现出一个清晰的过程。整个过程的每一环节,都有具体的操作方法与操作特征。

这个过程,大体由明确演示的目的—决定演示的内容—选择演示的时机—体现演示的程序—发挥演示的效果五个环节组成。

每一环节的操作情况，分别如下。

（1）明确演示的目的。教学的设备与材料，教师的演算与示范，各有其信息呈现的方式，也各有其相应的目的。演示的目的，总的来说是帮助学生理解与掌握知识，模仿与习得技能，但在这个总目的之下，还可以区分出分支目的。其中，操演与展示这两种手段，运用的目的在于帮助大学生理解与掌握会计的知识与原理；而演算与示范这两种手段，运用的目的则在于帮助大学生模仿与习得会计的技能与技巧。与之相应，当采用操演与展示的手段时，会计教师的责任在于让学生通过直观具体的设备与材料，领会与感悟会计的原理，注重学生的主动理解，教师只需要一边操演与展示，一边指点与讲解，便能达到目的，并不要求大学生在此基础上自己去练习操作；而采用演算与示范的手段时，会计教师的责任则在于让学生通过形象生动的展示过程，学到会计业务的操作技术，注重学生的模仿与练习，教师既需要一边演算与示范，一边讲述与讲解，也需要让学生进行模仿性练习，还需要发现与纠正学生在练习过程中的错误。对会计教师而言，什么时候采用操演与展示的手段，什么时候采用演算与示范的手段，是由教学内容与教学目的的特征决定的。每一次采用演示的手段教学时，都应该明确演示的目的是什么。

（2）决定演示的内容。演示的内容由三个方面的因素构成：一是设备种类；二是材料内容；三是演示方式。会计教师一旦确定了演示的目的，在采用演示手段教学时，便需要根据演示的目的，决定使用哪种设备，采取何种方式。例如使用投影进行演示时，会计教师需要事先准备好幻灯片等材料；进行演算时，会计教师需要找好资料选择演算工具，并事先进行反复运算；进行示范时，会计教师需要找好实例，准备好表格与凭证材料。这一切都是会计教师对演示内容的决定。这些工作都是在备课的时候完成的。演示的内容不可脱离教学的设备条件，凭空臆造，也不能不做事先的核算，而临时乱填资料。

（3）选择演示的时机。时机指教学活动的具体时刻与延续的时段，即在教学过程中的哪个环节演示与演示延续多长时间的问题。同样的设备与材料，在不同的教学环节操演与展示，效果是不一样的。同样的演算与示范，在不同的教学时段出现，效果也不相同。如一个投影胶片，在上课之始、授课之中、完课之后这三个不同教学时段投射出来，对学生的影响就截然不同。账务处理的示范，在教学过程中穿插进行与专门进行、部分进行与完整进行，对学生所起到的示范作用也不一样。比较理想的境界，是在教学内容需要演示、学生迫切需要演示、演示之后对学生确有帮助的时候适时演示。另外，这样的演示，是一闪即停、瞬间使用，还是整堂课都使用下去，也颇有讲究。采用演示的手段教学，尽管效果鲜明，但也不是漫无止境、多多益善。演示延续的时间一拉长，学生兴奋的心态会产生疲劳，并且会促使学生的注意力发生转移，难以保证教学任务的顺利完成。因此，比较恰当的演示应该适时出现、适可而止。常言道，"来得早不如来得巧"，说的便是时机的重要性，会计教师的演示，就需要找准这样巧妙的时机。

（4）体现演示的程序。按演示程序来设计材料，决定演算与示范的秩序。这个程序，也指教学结构与教学方法所要求的演示程序。在教学中，采用演示的手段，意味着打破了传统的课堂教学结构。在没有采用设备与材料进行教学的课堂里，教学结构为一个三角关系，即教材提供训练内容，给教师作教学的依据，给学生作学习的蓝本；教师钻研教材、把握教材，引导学生学习并掌握教材内容；学生在教师的指导与帮助下理解与掌握教材内容，获得知识，习得能力。而一旦采用演示的手段，使用设备与材料，课堂结构便变为四角关系，即设备与材料能够形象直观地展示教材内容，为教师的教学提供辅助，为学生的学习带来方便；教师钻研与把握教材，学生在教师的指导与帮助下，借助设备与材料的演示，理解与掌握教材，获得知识，习得能力。这样，课堂教学结构一发生变化，教学方法也相应发生了变化。演示时，教师宜根据课堂结构和教学方法的具体要求按应有程序演示这些设备与材料。演示的时候，教师可以讲述后再演示，可以演示后再讲解，可以边演示边讲授，可以边演算边讲解，可以边示范边讲述，方法多样。不管采用哪种方法，都要有利于学生的理解、掌握、模仿与训练。

（5）发挥演示的效果。发挥演示的效果即力求使演示达到最佳效果。给学生提供立体化的形象，演示又存在一个天然的缺陷，即具有一次性的特征，转瞬即逝，是一种"遗憾"的教学手段。为了避免学生的印象稍纵即逝，为了加深学生对演示内容的理解，需要调整或改变演示的方法，充分发挥各种设备与材料的功能。比如，播放相关会计内容的视频时，不必按部就班，可以时而快速播放，时而缓慢播放，时而跳跃播放，时而重复播放，以此来控制演示的节奏，发挥演示的效果。会计教师在进行演示与示范时，也可以时而介绍运算的方法，时而进行部分演算，时而要求学生演算剩下的部分，时而介绍账务处理的方法，时而示范性地操作处理一部分账务，时而要求学生操作处理其余部分账务。这既可称为演示的技巧，也可称为演示手段的操作艺术。

2. 演示的要求

采用演示的手段教学，也有一些运用方法上的要求。这些要求，不涉及具体的设备与材料，但涉及这些设备与材料的利用方法。它们是演示的手段对演示过程与方法上的要求，也是演示的手段对教师操作技巧的要求。它们分别为以下几点。

（1）与讲授的手段相配合。在教学过程中的每一环节，演示的手段都可以独立存在与运用，但从整个教学过程看，它又必须与讲授的手段配合运用，来共同承担教学的任务。尽管演示的手段较为先进和有效，但并不意味着采用了演示的手段就可以放弃使用讲授的手段。相反地，演示的手段只有在与讲授的手段交叉组合，配合运用的过程中，才能尽显才华。所以，那种以为使用了演示的手段就从此可以彻底减轻教师讲授辛劳的想法是错误的。讲授的手段，始终与教师的教学形影相随。离开了讲授，演示的功能将难以发挥。演示的手段，也只有在与讲授的手段配合使用时才能产生效果。

（2）与大学生需要相适应。演示的手段是为学生的学习服务的，是围绕学生的学习运转的。所以，学生的需要决定了演示手段的采用。对学生来说，演示的手段能够提供多种信息，也能带来新鲜直观的感受，因而是可以采用的有效手段。不过，演示的手段采用也应有一个"度"的限制。使用的次数过多，时间过长，容易使学生产生疲劳的感觉，甚至降低学生的兴趣。而且，学生接受演示的手段所提供的多种信息时，基本处于被动状态，虽然有助于发展其直观感受的形象思维，也有助于锻炼其动手的能力，但不利于发展其深入思考与全面把握的能力。因此必须明确，无论演示的设备与材料多么先进，对学生的影响总是有限的。教师不能脱离学生的需要去采用演示的手段。

（3）与教学内容相配套。演示的设备与材料，特别是其中的材料，从内容方面说是为展示教学内容或教材内容服务的，是教学内容或教材内容的补充和形象展示，因此受制于相应的教学内容与教材表述。例如，教材上谈到了会计报表的问题，我们便可以用投影仪投射一张会计报表给学生看，并在银幕上示范，告诉学生如何填制。再比如，教学内容里有会计分录，我们便可以在黑板上示范，告诉学生如何编制会计分录。总之，教师使用材料时，从设计与制作材料方面，或者从选择与截取材料方面，必须考虑材料与教学内容或教材表述的配套与关联。如果与教材内容或教材表述相脱节，课堂上演示的内容与它们没有内在的关联，再精彩的材料也无用处，再巧妙的呈现方式也属多余。所以，不能为了演示而演示。这也说明，再好的设备与材料也必须与教材配套，但不能取代教材。

（4）与教学目的相协进。教学目的，也是教师的工作目的。与教学目的相协进也就是与教师的工作目的相协进。它的意思是，演示的手段受制于教师的操作，也受制于教师的工作目的。演示中的设备与材料是教师的助手，它们辅助教师完成教学任务，达到教学目的。演示手段在运用的过程中，必须使演示的目的与教师工作的目的相一致、相协调、相促进。随着科技的进步与大学教学条件的改善，大量应用演示的手段来进行会计教学是大势所趋。不过，无论如何，演示的设备与材料都离不开教师，也不能取代教师，而只能帮助教师发挥作用。如果以为有了演示这种有效的手段，就不再需要教师的讲授，或者把教师的主导地位降到次要的地位，都是不可取的。

三、多媒体

（一）多媒体手段的含义与优势

1. 多媒体手段的含义

多媒体手段，通常被称为多媒体教学。它是将多媒体计算机用于课堂教学而表现出来的教学方式。一套多媒体教学设备，主要由一台多媒体计算机及其控制台，一台大屏幕投影仪及其银幕与一对喇叭等设备组成使用的。教师站在控制台前操纵计算机与投影仪，将事先准备好的多媒体教学软件（简称课件）依教学程序进行操作，使本应在计算机屏幕上显示的画面投影到大型银幕上，使本应在计算机喇叭里播放的声音通过喇叭播放出来，借助于视觉与听觉这两种基本渠道刺激学生的感觉器官，从而完成教学任务。与讲授的手段和演示的手段相比较，它是一种现代化的教学手段。

由于采用多媒体手段教学需要利用一系列的设备，而这些设备仍然是为教师的教学提供帮助的，所以多媒体手段也是一种典型的辅助教学手段。在运用多媒体手段教学时，唱主角的仍然是教师。由于多媒体设备能够同时展示声音与画面，提供的信息非常丰富，所以教师的劳动量会大为节省。节省指的是课堂上的少说与少写。不过，在上课之前，教师必须设计好多媒体教学的课件。为了设计这个课件，教师需要花费大量的劳动，并不轻松。对教师来说，采用多媒体手段教学，工作的总量并未减少，甚至还会增加，只是减少了课堂上的工作量。然而，在教学过程中，教师少说少写，多媒体设备能提供大量的信息来弥补教师减少的工作量，这有利于提高教学的"单位面积产量"，即有利于提高教学的效率。这可以说是多媒体教学值得推广的重要理由。

随着教育体制改革的不断深入，随着教育经费的大量投入，高校的多媒体设备越来越完善，在会计教学中也早已应用了多媒体手段。

2. 多媒体手段的优势

在会计教学中采用多媒体手段，与传统教学手段比较起来具有非常明显的优势。

传统教学条件下，教师靠一支粉笔一张嘴来进行会计教学，难以达到应有的效果。教学中，一些会计理论、会计实务需要使用大量的篇幅和大量的数据资料加以解释说明。在粉笔加嘴巴的教学条件下，教师往往因为技术条件以及课时的限制，而只好粗略、简单地一带而过这些会计理论与实务，有时甚至舍弃一部分内容，因而造成学生难以全面理解与掌握。而且，有的教师即便试图将这部分理论和实务解释清楚，也不得不投入大量的时间与精力，耗费不少课时，又降低了教学的效率。

多媒体手段不一样，它借助于银幕展示字符、图形与影像，借助于喇叭展示语音、音乐与音响效果，能够为学生提供一个形象、直观、生动的学习环境。在这个学习环境中，一方面，学生通过听觉、视觉等感官上的刺激，有时甚至亲自动手去操作重播，可以大大地提高其认知水平；另一方面，学生在轻松、有趣的气氛中保持学习的积极性和能动性，有助于其迅速掌握会计知识，增进理解、学会操作，从而有利于教学效率的提高。

会计教学采用多媒体手段，既可用于原理的讲授，也可用于实务的操作，并可用于案例的分析。该手段一旦采用，对教师的教与学生的学均能产生积极的作用。首先，它有利于会计教学的规范化与标准化，有利于及时补充教科书的不足；其次，它有利于改变传统单调的语言叙述方式，有利于引导与启发学生的积极思考，有利于激发学生的学习兴趣，有利于提高学生的学习效果；最后，它也有利于减少教师的重复劳动，使教师在课堂上得到解放，更有利于转变教师的教学观念，使他们树立一种为追求教学效率而进行教学的思想意识。

（二）多媒体课件的设计与使用

1. 多媒体课件的设计

采用多媒体手段教学，对会计教师的最大挑战在于设计教学的软件。我们通常将多媒体教学的软件称为课件，用英语的缩略语来说便是 CAI（计算机辅助教学）。会计教学的课件设计，既需要调动会计及其教学的知识，也需要调动计算机程序设计及其操作的知识，对会计教师来说无疑是一个考验。

做好课件设计工作，需要会计教师首先按传统方式设计好书面教案，并确定教学的顺序，然后再将其转换为电子教案，使它符合计算机编程的要求，并有利于课堂上的操作。在写好电子教案以后，教师还要在多媒体计算机上输入教学程序，并进行编辑。编辑时，教师需要设置好窗口与路径，需要输入文字、描画图形、设计动画、剪辑影像，需要配上音乐、语音与音响效果，并完成编导的工作。其最终的成果既可用鼠标点击操作，也可用键盘敲击操作。

当然，一些专业的教学软件公司已经设计了不少教学课件，其中也包括会计教学的课件，我们可以直接购买使用。不过目前市面上的教学软件有一个明显的缺陷，就是过多地考虑了计算机的操作，而忽略了教学的顺序，同时也不足以体现每一位教师的设计与追求。所以，我们在购买这些教学软件时，也应该事先做一些技术处理，以使它更适合于教师自身的教学习惯。这种修改，实际上也是一种设计。相比之下，这条途径更容易行得通。

2. 多媒体课件的使用

会计教学课件设计好后，到了课堂上，还存在一个如何使用的问题。会计教学课件的使用，与直接播放软件程序不是同一回事。首先，在教学中，教师一边讲授，一边板书，再一边使用多媒体课件。在多媒体教学的课堂中，教师的说与写仍然不可缺少，并且仍然具有引领教学方向的作用，多媒体课件只是起到辅助作用。多媒体的功能在于直观展示教学内容，代替教师完成他难以简明直观完成的教学任务。所以，多媒体课件的使用必须与教师的讲授与板书结合起来。

其次，调节指教师对多媒体课件的控制性使用。它包括快播与慢播、单播与插播、重播与跳播等控制方式。有的教学内容需要快速播放，教师便快播，以节省课时；有的教学内容，为了让学生看得更清楚、听得更仔细，需要缓慢播放，甚至反复重播，于是教师便慢播与重播；在播放的过程中，教师觉得需要讲解一下，便将课件停下来，讲解完毕再接着播放，这就是插播；有的内容也可以跳跃性地播放，以使有关内容关联起来给学生留下一个整体印象。

最后，教师在课堂上，也可以根据学生的需要，让学生来控制课件播放的节奏。比如合并报表、项目评估、财务分析、投资分析与预测、股市技术分析等内容，可以设计出课件，但在教学操作时，又必然受到学生接受速度的制约。教师可以将这些复杂内容的播放节奏由学生来调节。当然，再有效的教学手段，也只有学生满意或者学有成效，才具有使用价值。这个观点，也说明了由学生控制节奏的必要性。

不管怎么说，在会计教学中运用多媒体手段都是值得大力倡导与推广的。会计教师要主动肩负起这个任务。

第二节　高校会计教学的基本方法

一、教学方法概述

（一）教学方法的含义

方法，指研究和认识的途径，表示一种理论和学说。在哲学领域，方法是根据研究对象的运动规律把握现实实践和理论的一种形式。

教学方法在不断发生着变化，它随着时代发展所提供的物质条件和认识条件而变化。教学方法主要包括两个方面，即教师教的方法和学生学的方法，是教授方法和学习方法的统一。它本身是一种特别复杂的、多层次、多要素的教育现象，作为整个教学过程结构的有机组成部分，在整个教学过程中发挥着重要的作用。它并不是孤立存在的，而是与教学过程、教学组织形式等相互影响、相互体现的。

教学方法有好坏之分，有优劣之别。我们强调的方法，主要是从好的方面和优的角度来说的。之所以要讲究方法，就是为了寻求更加优秀的教学方法。所以，教学方法主要是指能够带来正面成效的方法。

教学方法不仅关系到教学效率，而且还关系到教学的方向和性质。它的性质与特点，对培养人的性质与特点产生了直接影响。如果我们的教师习惯于"一言堂""满堂灌"的方法，那么培养出来的便是一些逆来顺受、毫无批判精神、缺乏创新意识的人；如果我们的教师习惯于采用以启发引导为主的教学方法，那么培养出来的便是一些善于动脑、敢于独立思考、具有闯劲的人。

（二）教学方法的基本观点

为了提高教学水平，教师必须注意使用合适的教学方法。在有的教师心目中，教学方法似乎是万应灵丹，能够解决教学过程中的一切难题。但是，到底什么是教学方法？采用何种教学方法？怎么运用教学方法？对这些问题的回答则有点茫然。而在有的教师心中，教学方法是不必去管的，只需管好自己怎么讲便行了，似乎只要口才好、内容对，怎样进行教学都是好的。

对于教学方法，教师们应该具备以下几个基本观点。

1. 教学有法，教无定法

第一个"法"，即原理与法则、规律与技术；第二个"法"，即方法和技巧。意思是说，教学是有规律可循、有技术可言的。但是，任何人的教学又没有固定不变的方法与技巧。也就是说，教学有方法，也需要讲究方法，但是教学方法并不是一成不变的。不同的内容要求采用不同的方法，不同的学生班级要求采用不同的方法，不同的教师也要求采用不同的方法。教学会计概念与原理的方法，不一定能用于会计实务的教学，对会计专业的学生管用的方法，不一定对统计专业的学生也管用；对别的教师有用的方法，也不一定可以照搬过来。

2. 教学方法既是科学，也是艺术

科学，指的是教学方法的正确、规范与合理；艺术，指的是教学方法的灵活、多样与巧妙。两者共同关注的都是教学的效率。这个观点的意思是说教学方法既要追求正确、规范与合理，也要追求灵活、多样与巧妙，并使这两大追求在"高效"这个共同追求上结合与统一起来。两者之间，正确、规范与合理是基本要求，灵活、多样与巧妙是高要求。比如，教师给学生讲授会计的反映与监督职能时，用讲述概念、分析原因、证明结论的方法讲授，便属于正确、规范与合理；而用打比喻、举例子、画图示的方法讲授，则属于灵活、多样与巧妙。如果先用正确、规范与合理的方法讲授，再用多种方法讲授，那么就能取得良好的教学效果。教学方法就是应该建立在科学化与艺术化的基础上，以科学为内核，以艺术为表象，从而实现科学与艺术的统一。

3. 教学方法既有继承性，又有发展性

自古以来，人们发现了许多行之有效的教学方法。各学科的教学也探讨了一些适合本学科特点的有益方法。国外的教学同样总结出了不少很好的方法。这些方法都值得学习与借鉴，也就是需要继承。但是，如果一味继承，不加改造，便会掉入生搬硬套的泥坑。所以，继承这些教学方法的同时，还需要改造，需要发展。这是历史的必然，也是有理想的教师应有的追求。会计教学可以从其他学科那里借鉴教学方法，可以从古人那里借用教学方法，也可以学习国外的教学方法。但是，这种继承必须建立在会计教师融会贯通的基础上，体现改进性、适应性、发展性、有效性。那种"不管三七二十一""捡到篮里便是菜"的教学方法，对会计教学而言，是不可取的。

4. 教学方法既有普遍性与共性，又有特殊性与个性

同一种教学方法，可以适用于各种内容的教学，但教学时则多少会受到相应内容的制约，因而表现出独特的风格。例如，讨论法是一种可以广泛采用的教学方法，但是在讨论会计的理论和会计的实务等方面的内容时，讨论的方式与程序，讨论的深度与广度，都会有所不同。同一种教学方法，每一个教师都可以采用，但是在不同的教师那里，使用的时候则会表现出相应教师的个人色彩。例如，讲授法，所有的教师都可以采用，但有的教师讲授以逻辑推论见长，有的教师讲授则以生动形象见长，有的教师讲授以幽默风趣见长，而有的教师讲授则以声情并茂见长。同样，同一种教学方法，也可以用于对各种学生的教学，但操作的时候则会受到学生特征的影响而表现出不同的特色。例如，练习法，在所有的学生面前都可以采用，但是在中小学生那里的练习则更多倾向于模仿与重复，而在大学生面前，练习则更多倾向于思考与创新。这几层含义，都可说明教学方法兼具普遍性与特殊性、共性与个性的二重性特点。

（三）教学方法的制约因素

由于教学方法有好坏之分，所以教师在授课时，需要选择性地使用教学方法。这个选择，受制于以下几方面的因素。

1. 受制于教学设备条件

教学方法，尤其是现代教学方法，必然联系着一定的社会物质生产条件。大学的教学楼里与教室里，都或多或少地准备了一定的教学设备，有的甚至还是花费较高、技术较先进的教学设备。教师走进这样的教室教学时，选择的教学方法也必然受到这些设备条件的影响。例如，到会计模拟实验室去上课，会计教师的教学方法就会更多地倾向于指点，而注重学生自己的动手操作。

2. 受制于学生的身心条件

要想确定具体的会计教学方法，那么就要了解学生的心理发展水平，掌握学生的生理发展水平。与学生的心理和生理条件相适应的教学方法，往往会出现事半功倍的结果。

大学生的生理与心理已较成熟，逻辑思维水平与判断能力大为增强，学习方法也已经掌握得较为熟练，对教师的教学要求也相对较高，这一切都为会计教师教学方法的选择提供了依据。

3. 受制于教师与学生的世界观

对教学过程之中的矛盾及其运动规律的理解，必然会确立并形成一定的教学方法。一定的教学方法必须基于一定的世界观方法。科学的教学方法必须以科学的世界观为基础。教师和学生在教学过程中都是活生生的人，并且均具有自己看待问题的世界观与方法论。教学方法的选择必然会受到这样的世界观与方法论的影响。

4. 受制于教学内容特征的逻辑要求

每一学科的具体内容都有其特定的特点，这些特点也对教学方法提出了特定的逻辑要求。一种教学方法只有与教学内容的逻辑相适应，才能算得上是一种科学的教学方法。教学方法的选择，必然会联系具体的教学内容。会计学科的内容特征，也将影响会计教学方法的选择。

二、会计教学方法的种类

从教学论的角度看，教学方法指的是教的方法与学的方法的总和。由于教学方法多样，其说法也五花八门，所以要谈论会计教学的基本方法，必须找到一条划分的标准来对种种方法进行归类。我们的目标是，在众多的说法之中，用高度概括的方式，找出会计教学应该采用的教学方法。

对于教学方法，可以根据不同的分类标准，归类出不同的教学方法。从学生在教师帮助下获取知识的方式看，可以把教学方法分为讲解法与发现法两类；从教育者的哲学观基础看，可以把教学方法分为启发式教学法与注入式教学法两类；从师生的教学活动看，可以把教学方法分为讲授法、研究法、学习法三类；而从学生获取信息的途径与来源看，又可以把教学方法分为语言讲述方法、直观演示方法、实践练习方法三类。但是，这些分类只是大致而言的，每一类方法里面又包含若干种教学方法。这样不利于我们找到清晰的脉络。

我们是站在会计教师的角度来讨论会计教学方法的。在课堂上，会计教师要么自己讲授，要么组织学生讨论，采用的教学方法就是讲授法与讨论法；在课堂上，会计教师要么让学生做一些消化性的练习，要么让学生做一些模仿性的操作，采用的方法就是练习法与实习法。因此，可以将会计教学的基本方法分成四种：讲授法、讨论法、练习法与实习法。至于自学辅导法、分组研讨法、茶馆式教学法、网络教学法之类的现代教学方法，都是由这几种最基本的教学方法派生出来的。

（一）讲授方法

如前所述，讲授是高校会计教师最基本的一种教学手段，教师的讲授效果对于教学质量来说有着重要的影响。因此，高校会计教师要讲好课程，就必须在讲授上采取一定的方法，具体如下。

1. 幽默风趣法

如今，人们都在追求幽默风趣，对于大学生而言，特别偏好幽默风趣的讲授方法。幽默不仅体现了智慧，而且也体现了信心。在教学过程中，会计教师如果采用幽默风趣的教学方法，那么不仅能表现出其开朗自信的性格，还能表现出其沉着冷静的智慧，并在笑声中启发学生。如果一堂课能让学生笑几次，那么这样的课堂就会充满活力，学生也会喜欢这样的教师。当然，幽默风趣是一种个人风格，同时也是一种讲授技巧。虽然会计教师不用刻意那样做，但也可以适当地考虑和运用。事实上，会计教学中的所有内容都可以通过幽默风趣的方法来讲授。应该注意的是，它只能作为教学的点缀，而不能应用于整堂课。

2. 举例说明法

教师在讲授抽象的会计概念和原理时，或者讲授会计实务与会计应用时，先讲述一般的原理和方法，再以具体的实例说明，是一种由抽象到具体的讲授方法。它的作用是通过举例和生动形象的实例来佐证和阐述一般的原理和规律，不仅能够帮助学生快速理解和掌握，还能帮助学生进行学习和模仿。

3. 直观辅助法

在课堂上，教师使用面部表情和手势来描述和模拟教学过程，或者在教学过程中在黑板上画图表，有时在教学过程中向学生展示幻灯片、原始证书或教学挂图，这些都是直观辅助。它的特点是利用直接辅助手段弥补口头教学的不足，生动地展示口头教学的内容，引起学生的广泛注意。这种方法的优势是通过直观展示而达到形象生动、引人入胜的境界，并有助于节省教师的讲授时间，实现精讲，还有助于教学效率的提高，有助于学生的理解与接受。会计教学中，几乎所有内容的教学都可以采用这种讲授方法。当然，在阐释会计原理与演练会计实务时，它的运用价值更为突出。

4. 逻辑推论法

在会计教学中，阐释会计原理，阐述筹资与投资管理，说明应收与预付账款之间的关系，测算收入、成本和利润，论述资产与负债的比例，都需要采用逻辑推论的方法加以讲授。它的特点在于严密的讲授思路、严谨的讲授态度、鲜明的讲授节奏。它具有启发学生思考、引导学生探索、帮助学生理解和激发学生兴趣的优点。列宁说,雄辩的逻辑力量是不可战胜的。逻辑推理法的运用,恰好能帮助会计教师拥有这种说服力,来说服与征服学生。

    5. 比喻说明法

        即使是再抽象的原理也可以通过恰当的比喻使学生快速理解。在大学课堂中,打比喻的讲授方法有着广泛的应用。比如一个小家庭需要维持其日常生活,做好家庭基本建设、储蓄、投资,怎样才能更好地运作,夫妻俩进行规划与预算,这便是财务管理;登记每一笔收入和支出,定期做出统计,这便是会计;回过头来分析每一笔收支,看哪些钱该花不该花,哪些收入可调节,这便是审计。在教学时,运用这个比喻可以清楚阐述财务、会计与审计三者之间的关系。小到家庭,大至企业,甚至国家,都可用这种比喻。事实上,只要比喻得当,其效果远胜于千言万语的讲授。由此可见,比喻说明这一讲授方法往往会取得事半功倍的效果。

    这里所谈的五种讲授方法,都是从正面的角度说的。从反面角度看,如果描述时生硬有余,论证时逻辑感不强,分析时缺乏深度,那么讲授时将会呈现浓厚的"填鸭"味道。因此,在运用讲授法时尤其强调从多方面避免注入式是必要的。

    讲授法不是注入式的代名词,讲授不当容易成为注入式,但是讲授得法能够鼓舞人心。在各种基本的教学方法中,讲授法容易成为通向注入式的桥梁,所以应特别注意在运用讲授法时避免注入式。同时,又因为讲授法至今仍是最基本、最重要的教学方法,所以在运用讲授法时注重启发式又具有积极普遍的意义。

    (二) 讨论方法

    讨论法,又称谈话法,即教师在已有的知识和经验的基础之上提出问题,激发学生的积极思考,引导学生表达自己的观念,从而获得知识的一种方法。教师是组织者,而学生则是参与讨论的主体。然而,讨论什么问题,由谁来发言,如何协调不同的意见,如何引导和评价学生的讨论,如何总结和归纳,这些往往需要由教师来实施。

    因此,从教师的角度来看,讨论法事实上就是组织讨论的方法。在讨论的过程中,不仅不能缺少教师的提问、引导、穿插与评点,而且也不能缺少学生的参与。所以,讨论法这一教学方法又是由师生共同参与和共同合作的。在我国,讨论法运用得不多,主要原因是教师缺乏讨论的观念,学生也缺乏讨论的习惯。教师偶尔组织讨论,学生也大多不愿说话,而宁可当听众。其实,在大学课堂上,讨论法是大有可为的。

    讨论,是一个笼统的措辞。课堂上,教师问学生答,教师提问学生讨论,学生发问教师答疑,教师出题学生辩论,都属于讨论的范畴。一堂课,全部用于讨论,或者花一段时间讨论,甚至穿插于讲授过程之中的讨论,都属于讨论。讨论,可以在全班进行,可以小组进行,也可以与学生个体进行。

    在会计教学中,会计教师应该充分重视那些具有讨论价值的内容。例如,就审计主体来说,是政府审计好,还是民间审计好?就审计时间来说,是事前审计好,还是事后审计好？就固定资产折旧率来说，是高一点好，还是低一点好？就企业投资来说，是短期投资好，还是长期投资好？就提高企业职工待遇来说，是涨工资好，还是发奖金好？这些问题可以由教师在教学过程中进行探讨。当然，可以用来组织讨论的问题应该具有讨论价值，有利于学生开阔思路，多角度思考问题。对于那些没有讨论价值的问题，学生也就很难发表不同的见解，也就不能营造讨论的气氛，也就毫无意义可言。因此，会计教师不能为了讨论而讨论，必须在需要讨论，或在具有讨论价值的问题上组织讨论。

对于会计教师来讲，讨论法教学不仅是最基本的要求，而且是最难的要求，目的是使学生有话可说，并能够表达自己的观点，否则无法进行讨论。教师为了做到这一点，有必要在课前就有所交代，告知学生要讨论的问题，让他们查阅资料，思考问题，做一些准备。课堂讨论开始之前，也要明确阐述要讨论问题的含义，让学生明确讨论的目的和要点，启发学生多角度思考问题，既求同、也求异。同时，教师还需要向学生提出一些具体的发言要求。另外，讨论开始前，教师也有必要对学生进行鼓励与发动，强调知无不言、言无不尽，允许说错，也允许修正与补充，并把学生课堂上的表现与他将来的发展联系起来加以强调，以此来激发学生的表现欲望。

讨论的时候，教师尽量少说话，提出问题之后，要给予学生充分的思考时间，而自己应该表现出耐心等待和真诚期待的神态，认真倾听每位学生的发言，并对他们进行一定的鼓励和点评。教师特别有必要对不同的意见采取一种兼听的态度，而不是在倾听时表现自己的偏好。

有时，由于表达的原因，学生的发言可能会言不及义。教师应从学生模糊的陈述中总结出其具有实质性的观点，并肯定其中合理的部分。有时，学生的发言可能会因为对问题的要点未把握准确而有所偏离，教师便需要再次复述论题的本意并进行提示，而不能有任何不耐烦的表现。当讨论沉静下来，并且延续一分钟无人发言时，教师便需要进一步启发与引导，或者换一个角度提问，或者将论题往纵深方向推进一步，而不要急于自己说出结论。有时，教师也需要控制局面，调节气氛，让学生逐一发言，从而避免乱糟糟的局面出现。

教师在学生们讨论过后，应该及时加以总结。总结时，教师需要概述各种意见及其分歧，需要认真梳理各种思路，也需要调节学生的情绪。教师不仅应该积极发表自己的意见与看法，还应该介绍学术界同仁们的看法，从而开拓学生的思路。教师还应注意评价学生的表现。在评价时，教师应尽量多地给予学生正面评价，可以对学生进行表扬和鼓励。会计教师对大学生的课堂表现决不应该吝惜自己的表扬与鼓励。这种正面评价，能使学生得到肯定，能够增强学生的自信心，并激发他们的学习热情，可谓一举多得。

我们将提问的方法概括为以下五种。

1. 趣问法

它的特点是用幽默风趣的提问内容来掩盖客观抽象的问题实质，也属于想问什么而不问什么，故意绕弯子提问题。这样的提问方法，将一个客观抽象的问题掩藏在所提问题的后面，显得很生动、很有趣，能极大地激发学生的讨论兴趣。同时，由于它提供了一个假想的情境，使学生思考和回答问题时更具有明确的针对性，有利于学生在笑声中揭示问题的本质，也是一种巧妙的问法。

2. 直问法

它的特点是想问什么便问什么，不绕弯子。比如，股份公司向股东分配股利，有送股与派现两种方式，如果想让学生考虑哪种方式更利于公司的发展，或者更受股东的欢迎，直接提问的方法便是问：股份公司的股东分配股利，站在公司的立场上，是送股好，还是派股好？或者问：股份公司向股东分配利润，送股与派现中，哪种方式更受股东欢迎？这样的提问方法，直来直去，清晰可辨，有利于学生理解所提问题的含义，而且措辞简明扼要，不至于打乱学生的思路。

3. 追问法

学生答问时，有时只答出了一个方面或者一个层次的内容要点却对其他方面或者其他层次的内容要点不予理睬，有时又答非所问，或者答而不对。这时，会计教师便可采用追问的方法，继续向他发问。通过追问来促使学生回答其他层面的内容要点来帮助他认清所提问题的真实含义，使其回答完整、回答准确，甚至把问题引向纵深。比如，上面的例子中，如果学生答问时，有人认为送股与派现各有利弊，但就是不表明到底是支持送股还是支持派现的主张。此时，教师如果用追问的方法提问，那么便可以问：既然送股与派现各有利弊，那么你到底是支持送股还是支持派现？或者问：如果你是一个股东，从税负的角度看，你是愿意公司送股还是派现？从股权稀释的角度看，你是愿意公司送股还是派现？这样的问法，有利于学生提高决策能力，并有利于推进学生深入、仔细、全面思考。追问具有挑战性，能吸引全体同学的注意力，并引发更热烈的讨论。

4. 曲问法

它的特点是想问什么不直接问什么，而是绕一个弯子提问题。例如，上面的例子，如果用曲问法提问，具体的问法便是：如果你是股份公司的总经理，你是愿意给股东送股，还是派现？或者问：如果你是股东，你是希望得到送股，还是希望得到派现？这样的提问方法，表面上问"此"，而实际上问"彼"，借助于通俗的"此"，而问抽象的"彼"，能够把抽象的问题通俗化，有利于由浅入深，打开学生的思路。同时，学生在回答"此"问题时，实际上也回答了想要学生回答的"彼"问题，显得较为巧妙。

5. 反问法

课堂讨论时，某一学生持自己的观点做了明确回答，而教师为了启发他的辩证思维，故意用反问的方法提问，以此来开启学生的思路，促使他继续思考与回答。比如，上面的讨论题，在讨论时，某学生明确支持给股东送股的主张，却反对派现的主张。会计教师此时插话，如果用反问的方法提问，那么便问：给股东送股要分摊股份，将来这些送股又要参与分红，不是更加重了公司的负担吗？或者问：作为股东，得到送股却难以变现，而你又要买房子，拿到派现不是更能派上用场吗？这样的提问方法，既能启发学生向纵深层次思考，又能引导学生联系各个因素来衡量，并且以反问代替评点，以反问推进讨论，具有明显的优势。

这些提问的方法足以说明，运用讨论法既需要技术，也需要技巧。可见，会计教师组织讨论，并不是简单地提出问题让学生去说。教学本应是师生之间的双边活动，讨论法的使用充分体现了这种双边性。同时，讨论的使用也使教学远离了注入式而充分体现了启发式，教师的主导作用与学生的主体作用也能从中得到最大程度的发挥。

（三）练习方法

练习，从模仿开始，以反复训练为基本特征，以熟练掌握与协调操作为最高表现形式。从学生角度看，借助于教师的讲授与组织讨论可以实现对教学内容的理解；借助于教师组织的练习可以实现对教学内容的消化。由"懂"到"会"，是一种由知识到能力的迁移。所以，练习实际上是为培养学生的能力服务的。

教学过程中，学生的练习既可以在教师讲授的同时进行，也可以专门进行，还可以延伸到课堂外进行。通常情况下，我们把课堂内的练习叫作训练，而把课堂外的练习叫作作业。所以，我们所说的练习，既包括课堂的训练，也包括课外的作业。实际上我们把课堂教学方法的范围向课外作业延伸，在一定程度上扩大了思维境界。实际上，由于有限的课时和过多的教学内容，大部分的课程练习都需要延伸到课外作业之中，会计教学中的练习也不例外。因此，会计教学中的练习是由课堂练习与课外作业两个部分构成的，我们仍然把课外作业看成是课堂教学方法的有机组织部分。

从练习活动的特征看，练习的种类大致包括答问性练习与操作性练习两类。答问性练习，又叫答疑性练习，实际上是做课后练习，解答书面作业。它的功能在于帮助理解、促使掌握、促进消化、开启智慧。操作性练习，又叫动手性练习，实际上是进行实践操作、解决实际问题、学会实际应用。它的功能在于提高熟练程度、提高精确程度、提高应变能力、提高协调能力。打比喻来说，答问性练习就好比是汽车司机为了解汽车工作原理、操作规程与交通规则而做的练习，而操作性练习就好比是汽车司机为了学会驾车而进行的模拟驾驶、场地驾驶、马路驾驶和倒桩驾驶等训练。对汽车司机来说，这两类练习都不能缺省。学生的学习，包括会计专业大学生的学习，跟汽车司机的学习一样，这两类练习都不能减少。当然，答问性练习以动脑为主，而操作性练习以动手为主。操作训练离不开模仿与机械重复，也离不开相机行事与随机应变。就会计教学来说，原理方面的巩固大多采用答问性练习。如为什么要采用复式记账法？为什么要用权责发生制作为会计处理基础？实务与应用方面的训练大多采用操作性练习。如填制与审核会计凭证、登记总账与明细账、编制会计报表等。

从练习进行的场合看，课堂练习与课外作业这两种基本的练习类型，也各有其特点。课堂练习的目的在于帮助学生理解知识、掌握原理，并进行技能操作的模仿。所以，课堂练习的题目大多从教材内容的本身提出，有的甚至就是教材里的练习题，而问题提出的方式也以"是什么"与"为什么"为主，学生回答问题的方式则以口头回答为主，以动手操作为辅,一般不采用书面回答的方式。可以说,课堂练习是围绕对教材内容的理解与掌握而进行的,问题的涉及面一般不广,难度也不大,要求学生所进行的思维深度也不明显,独创性的特征也不突出。

从技能操作的练习方面看,课堂练习只能让学生停留在模仿性操作阶段,由于时间的限制而难以让学生进入独立性操作阶段与熟练性操作阶段。中国有句古话叫作"师傅引进门,修行在个人。"课堂练习只能够让学生被"引进门",至于"修行",那是课外作业甚至是学生主动自发的课外练习所要完成的任务。

课外作业不同于课堂练习,它的目的是让学生融会贯通、深入思考,并让学生进行独立性操作与熟练性操作的训练。所以,课外作业的题目通常较复杂,需要学生触类旁通,联系相关的理论与知识,进行综合作答,而问题提出的方式也以"怎么样"与"为什么不"为主,学生回答问题的方式则以书面回答为主,以动手操作为辅,一般不采用口头回答方式。可以说,课外练习是围绕着对教材内容的消化、迁移与贯通而进行的,问题的涉及面一般较广,难度也较大,要求学生所进行思维的深度、广度与新颖度都较明显,创造性的特征十分突出,最能体现对大学生创造能力的培养。从技能操作的角度看,课外练习必须进入独立性操作练习阶段与熟练性操作练习阶段。

对大学生而言,会计教学中的课堂练习,立足于让他们"弄懂"教材内容,而课外练习则立足于让他们"驾驭"教材内容,并"会"进行技能操作。这样看来,课堂练习与课外作业都不可偏废。它们之间,构成一种相辅相成的互补关系。

从练习的数量方面看,大学的练习不可能也没有必要向中小学看齐。中小学各门学科的练习,特别强调数量多,注重让学生反复练习,而且练习的机械性比较突出。对大学会计教学而言,尽管练习必不可少,但也并不是多多益善,更重要的是注重练习的"质",并且要以"质"代"量"。大学生的练习,做一次是一次,应该讲究鲜明的效果。因此,这为教师的练习设计提出了考验。会计教学中的练习设计,要求教师通观全局、统筹安排,选择一些对学生的知识掌握与能力形成十分关键的内容让学生练习,而舍弃那些可做可不做的练习,舍弃那些不必动脑便可回答的练习,舍弃那些以机械训练为目的的练习,侧重培养学生思维的严密性与独创性,侧重训练学生技能的独立性与熟练性。总之,会计教学中的课堂练习,应该是以"质"取胜,而不是以"量"取胜。

运用练习法的时候,教师需要做好以下三个环节的工作。

第一,定向工作,即确定与明确练习目标的工作。会计教师要让大学生明确每次练习的具体目的与要求,知道为什么练习,并能够意识到练习所能带来的收获。为此,会计教师需要讲明每次练习的意图,介绍每次练习的要求,强调每次练习的成效。教师设计的练习题应体现针对性、计划性、渐进性与量力性的原则,做到练有所向、练有所求。

第二,开启工作,即引导与启发学生练习的思路。每次练习,除了让学生明白为什么非做不可,还要让学生知道怎样去做,否则学生可能无所适从,找不到方向与办法。为此,会计教师需要做一些技能操作的示范工作,需要做一些解决问题的举例工作,需要向学生介绍查阅的资料，并需要向学生提供解决问题的思路或途径。对大学生而言，他的练习必须是独立进行的，尽管可以与同学讨论，但绝不能互相抄袭。做好开启工作，也就是为了确保大学生的练习能够独立完成。

第三，评价工作，即对学生的练习进行评改。大学生的练习完成以后，需要得到会计教师的反馈信息。这种反馈，就是评价。为此，会计教师必须批改学生的练习，并做出恰当中肯的评价。评价时，不可按简单的"对"与"错"的方式进行，应该重在鼓励，强调独到的见解。大学生的练习，思路应该是多方面的，答案也应该是多种多样的。教师们应该强调答案的多样化，鼓励学生发人之所未发，进行独创性的解答。所以，会计教师在批改学生的练习时，也不应该按照整齐划一的标准答案，进行机械操作。教师需要具备开明的头脑、宽容的心境、兼容并包的胸怀，时时以欣赏之情看待学生的不同答案。当然，答案具有唯一性的练习除外。

（四）实习方法

实习，从字面含义解释，指的是在实践中的学习。这样的学习，从高校大学生的角度看，包括四种表现形式：一是在相关课程的教学过程中由教师组织进行阶段性、环节性的实践学习；二是在会计模拟实验室由教师组织与指点而进行的专项性实践学习；三是在企事业单位的会计、财务或审计岗位上，由教师组织有"师傅"指点而进行的专门性实践学习；四是在企事业单位的会计、财务或审计岗位上兼职工作，没有教师组织，甚至也没有"师傅"指点而进行的独立性实践学习。我们所说的实习法，是从教学方法的角度说的。实习法中的"实习"，是教学过程的一个有机组成部分，是在教师组织的教学活动过程中所进行的实践性学习。由此，上述第四种实习形式显然不在这个范畴之内，可以排除在外。第三种形式，虽然有教师的组织，但并不是在会计专业课程教学的过程之中进行的，而是专门拿出一段时间来，独立于具体课程教学之外进行的，也不能算在教学活动过程之中所采用的教学方法范畴之内，同样可以排除在外。近年来，不少高校的会计专业实习采用的是分散实习的方式，让学生自找单位，自找"师傅"，会计教师只在学生实习之前与之后进行指导与评价，所以这种形式实际上与第四种形式也就没有什么区别。所以，我们所说的实习，只包括第一种与第二种形式，即包括在会计专业课程中，在教室里与会计模拟实验室里进行的实践性学习实习法，也就是指会计教师在教室里或在会计模拟实验室里组织教学而采用的，让学生在实践中学习会计技能的方法。

虽然会计专业课程的教学需要向大学生传授相关知识，然而最重要和根本的目标是使大学生掌握相关技能，具备解决会计、财务、审计等具体问题的能力。为了配合这样的教学目的的实现，不少高校的会计专业都建立起了专门的会计模拟实验室。这样，会计教学便既可以在普通的教室里进行，也可以在会计模拟实验室里进行。在普通的教室里，教师一旦决定让学生做一些会计工作的环节性实践训练，便采用实习法组织教学；在会计模拟实验室里，教师带领与指点学生依照会计核算程序做各项会计工作的实践训练，也采用实习法组织教学。

实习法的特点是，教师组织学生进行会计实务的操作，把仿真的会计实务展示在学生面前，让他们动手操作、处理账务，从"纸上谈兵"转为"用兵打仗"。学生亲自动手解决会计实务操作问题，就是促成会计知识向会计技能的转化，实现能力培养的最终目的。这样的实习，既是一种教学的方法，其实也是教学过程中的一个必要环节。

实习与练习是有区别的。练习是围绕教材内容进行的，侧重理解、掌握与训练，目的在于让学生"会"；实习，围绕会计实际进行，侧重处理、运算与操作，目的在于让学生"用"。实习，尽管仍然是练习的一种，但它强调的是工作实践之中的锻炼；练习，特别是操作性练习，尽管也可看成是实习的一个方面，但它强调的是训练之中的操作。练习，针对的是抽象的技能训练，解答的是面上的"类别"问题；实习，针对的是具体的实践操作，解决的是点上的"个别"问题。练习的素材，可以虚拟，也可以假定；实习的素材，必须来自实际，是收集来的真实材料，加以汇总与浓缩的。这样看来，实习法与练习法尽管都有助于培养大学生的会计技能与实际工作能力，但其表现形式是不同的。

在会计专业课程教学的课堂上所进行的实习，带有课堂练习的色彩。它通常针对会计、财务与审计工作的某一环节而进行训练，点到为止，不涉及其他环节。比如，编制会计凭证时的借与贷问题，初学者难以分清，教师尽管讲得很清楚仔细，也举了不少实例，甚至让学生做了一些课堂练习，但有的学生仍然不太清楚，即便搞清楚了的学生底气也不太足，似乎没有把握应付各种不同业务的会计凭证编制。在这种情况下，会计教师便可以采用实习法，向学生提供一些原始材料，并向学生分发一些仿真的凭证，让学生以会计人员的身份来操作，编制一些仿真的会计凭证。这样做，有利于向学生提供一个真实的会计环境，并有利于培养学生的角色意识，使他们增强责任感。同时，也能给学生留下深刻的记忆。从此，学生便不会再出现混淆不清的情况。在审计课的教学中，教师也可以让学生分别扮演会计员和审计员，让扮演会计员的学生按照正确与不正确的方法分别处理不同账务，故意为难扮演审计员的学生，并要求扮演审计员的学生审核正确与不正确的账务，找出不正确的地方，并分析错误发生的原因。这样的实习法，不仅具有挑战性，也具有趣味性，能够在竞赛的心态下培养学生的实战能力。类似的做法，也可以在财务管理的教学中采用。

当然，不管在会计专业的哪一具体课程的教学中，采用实习法组织教学，都必须给学生创设一个真实的环境。这个真实指的是素材的真实、数字的真实与凭证的真实，也包括要求的真实、程序的真实与结果的真实。有了这个真实的环境，学生便能迅速进入角色，便能引起学生足够的重视，并能慎重地操作，效果也显著增加。这就好比培训汽车司机，如果只让学生在纸上练习驾车，那么学生便会产生一种游戏的心态，好像在玩电游似的，不能引发其严阵以待的心态，因而难以学会开车。如果让学生在教练的陪同下开动真正的汽车，哪怕只是在场地驾驶，其效果也要明显得多，而如果能上路驾驶，其收获也就更大。会计专业课程教学过程之中的实习法，就是让学生离开模拟驾驶机，操作真实的汽车在场地或马路上驾驶。

采用实习法，组织学生在课堂上进行会计环节的实习，教师要根据教学计划与教学大纲的规定，有目的、有计划、有组织地进行。实习活动开始前，教师应向学生讲清有关的理论知识、原理准则与操作规程，讲明具体要求和注意事项，必要时还要进行反复示范；教师要参与到实习活动中去，对学生进行个别指导，及时纠正学生的差错，帮助学生克服操作困难，为学生鼓劲打气；实习活动结束后，教师要检查与检验学生的成果，找出学生存在的问题，总结经验，并且对学生进行正面评价，以增强学生的信心，使他们获得成功的快感。

三、会计教学方法的禁忌

做任何事情都有方法可言，做任何事情也需要讲究方法，教学活动也不例外。但是，方法的使用也有一定的讲究，并不是兴之所至、随心所欲的，甚至还有一定的禁忌。在教学方法的使用上也存在一些禁忌，即存在着合理选择的问题。以上教学方法是常用的、有效的，也是应该大力提倡使用的，可以说是从正面的角度论述的，属于"应该怎么办"。这一部分，从反面的角度来论述，属于"不应该怎么办"。正反两方面都考虑，对于教学方法的论述便相对周全了。

那么，使用教学方法时，对会计教学而言，究竟有哪些禁忌呢？这可以从观念方面的禁忌和操作方面的禁忌来看。

（一）观念上的禁忌

1. 误解方法

在采用教学方法时，应该说明，它不是万灵药，不能包治百病。教学方法密切关系着教学内容。有的教学方法只适合相应内容的教学；有的教学内容也需要采用一些专门的教学方法。如果不根据教学内容的特点来选择教学方法，那么教学方法在操作时就会显得生硬和无效。在会计专业课程中，概念、原理、实务的教学都需要采取相应的教学方法。因此，在教学方法选择上，会计专业教师应该充分考虑教学内容的特点。

除此之外，教学方法与教学对象也是互相关联的。教学方法多种多样，学生的状况也各有不同。同样的讲授法，小学教师、中学教师、大学教师用起来，应该有所不同；同样的讨论法，小学生、中学生、大学生在讨论中的表现也不会相同。因此，会计教师在选择教学方法时，心中要装着全体学生。

2. 不讲方法

大多数会计教师特别是中老年教师，往往利用自己多年的教学经验进行教学，而对于青年教师而言，也往往会被中老年教师的教学方法和经验所影响，沿用一些传统的教学方法。由此可见，大部分会计教师都缺乏教学方法的指导。

其实，对大学教师而言，讲究教学方法是十分重要的。如果会计教学不讲究方法，就会导致教学效率和质量低下。在大学生面前，大学教师就是一个服务员，而学生是顾客。服务员如果不能提供优质的服务，顾客便会有意见，大学教师如果不能提供优质的教学，学生当然会不满意。然而，要提供优质的教学服务，唯有提高教学水平，讲究教学方法这条路可走。可见，对会计教师而言，教学方法并不是可有可无的摆设，它是教学能力、教学成效的组成部分。我们可以设想，那些有学术成果、教学经验丰富、口才好，并能够得到学生好评的会计教师，如果能同时讲究并采用有效的教学方法，其受欢迎的程度会更高；而那些尚不能得到学生好评的会计教师，如果能学习并运用有效的教学方法，便能够提高自身的教学水平，并扭转尴尬的局面，重新赢得学生的爱戴。

（二）操作上的禁忌

在操作过程中，如果会计教学的基本教学方法运用不当也是不可取的。我们把这种不当运用看成是教学方法操作上的禁忌。会计教学方法，每一种都有一些使用方面的禁忌。为了使我们的教学方法操作起来更得心应手，也不至于流于形式，这里将这些操作禁忌一一罗列出来。

1. 讨论方法的禁忌

在会计教学中，使用讨论法的机会较多。它的特点是使学生积极参与、开启脑筋、集思广益，不仅有利于活跃课堂气氛，还能充分调动学生学习的主动性和积极性。然而，在使用讨论法时，教师如果稍不注意，就会陷入误区。它们有以下两个方面。

（1）只听不说。教师组织讨论主要是为了让学生开口说话。教师在学生讨论的过程中，应该是一个忠实的倾听者，认真听取学生的各种意见。但是，在听了讨论之后，教师需给予学生及时评价和判断，说出自己的看法。如果只听学生说，而自己不发表意见，便成了只听不说。它的缺点是不能鼓励学生，学生也很难得到真实答案，甚至容易打击学生参与讨论的积极性。

（2）不做引导。教师组织讨论，不仅要提出问题，而且还要进行组织协调，驾驭讨论的方向与节奏。因此，在讨论的过程中，教师的引导和组织不可或缺。如果提出问题以后，教师由学生自由讨论，而不做恰当引导，便成了自由放羊。它的缺点是容易导致局面失控，学生往往争得面红耳赤，对解决问题没有帮助，也无助于启发学生的思路。因此，教师在讨论之中的协调与控制，是不可缺少的。

2. 讲授方法的禁忌

在会计教学中，使用讲授法的时间最多，范围也最大。当教师在思考怎样教学时，他们可能会更加注重课堂不冷场，这将导致其在教学过程中犯一些错误，闯进一些讲授的误区。这些误区，恰好构成了讲授法运用的禁忌，主要有以下两个方面。

（1）一讲到底。在课堂教学中，虽然教师的讲授占据大量的时间和空间，然而并不是"一言堂""满堂灌"，而是要搭配使用其他的教学方法。如果教师唱独角戏，那就成了一讲到底。它的坏处是剥夺了学生的思考机会，无法充分调动学生的积极性，学生也很容易形成逆来顺受的思维惰性，因此学生的学习自主性和自学能力也很难得到发展。

（2）照本宣科。课前，教师认真、详细地做好教案，工作非常扎实，充分体现了其认真负责的态度。然而，如果教师在课堂上进行讲授时只是背诵教案内容或照着念，而不是用口头语言来临场发挥讲授,就变成了照本宣科。它的坏处在于目中无人。教师讲述的是教案、教材,并没有引导学生进行学习,由于教师说的全是书面语言,所以很难与学生进行心灵上的交流,也很难引起学生感兴趣。

3. 实习方法的禁忌

实习法注重学生的实践学习,虽然由学生唱主角,然而教师仍承担相当重大的责任。采用实习法教学的禁忌有以下两点。

(1) 过多干预。在实践过程中,教师应该给予学生一定的指导和帮助,然而这并不意味着牵着学生走。实践是给予学生机会去亲自动手,应该让学生自己放手去做,当学生遇到困难时,教师再给予一定的指导。过多的干预事实上是对学生自主实践权利的剥夺,不利于学生自主实践能力的形成。所谓"过犹不及"对干预过多而言,也是适应的。

(2) 只当看客。教师在运用实习法时,为学生创造一个真实的会计场景,使学生能够切身去操作,然而教师在这时也不应该袖手旁观,放任自流。在实践过程中,教师应该像师傅带领徒弟那样,亲自指点学生,甚至和学生一起解决问题。如果教师情愿当一名看客,那么学生在实践过程中将会一直出现差错,不利于学生技能的培养。由此可见,教师和学生共同学习、共同讨论是非常重要的。

第四章 高校会计专业能力与素质教育

第一节 高校会计能力教育

一、会计能力教育概述

(一)能力教育的含义

1. 能力的概念

基于多种能力定义与能力的复杂性基础上得出,能力是某个人在学习生活、领导管理方面、科研创新工作中能够出色完成某项任务和做好某项工作的主观能动性的体现。对于能力的定义,主要从以下几个角度来讲。

一是从心理学上讲,能力是人完成某种活动所必备的一种个性心理特征,它是在心理活动中表现出来的。在西方心理学中,能力通常是指心理能力,它表明个人做一件事、完成某项任务所需要的能量。心理能力又分两大类:一种叫作造诣,指一个人身上已经具备的某种能力;另一种叫作性能,指一个人身上现在没有,将来会有的潜在力量。

二是从管理学上讲,能力是管理者的本质。管理能力,就是善于使用部下,从大局出发判断事物以及工作的重要性。管理者的管理能力,归纳起来有三种形态:潜在管理能力,指管理者的素质,是潜能,就像埋藏在地底下的金矿;物化管理能力,是已经发挥出来的能力,是显能,就像已经开发出来的金子;正在发挥着的能力,是现实进行着的管理能力,是现能,就像已经加工后金银制品。

三是从领导学上讲,能力是领导素质体系的组成部分。它是指领导者具备与职务相适应的、能够履行领导职责的主观条件。或者说是领导者的基本素质、思维方式、实践经验、领导方法、领导技巧等,在实施领导行为过程中的综合表现。

四是从会计学上讲,能力是会计从业人员完成会计管理任务应具备的主观条件。它包括记账、算账、报账、用账能力,以及会计分析、控制、检查、预测、决策等能力。会计人员做功不做功、做功多与少、能量大与小,都与其能力密切相关。能力是一个动态的概念,随着时代发展、历史前进、时间推移,会计从业者所要求的必备能力也会变化、更新。所以,如何不断培养和提高会计人才的能力,是今天高等会计教育的一个突出、重大问题。

2. 能力的分类

能力是一个很广泛的概念，可按不同的标准进行分类。能力可分为有形能力（赛跑、举重、跳高、作画、唱歌、做账等）和无形能力（审时度势、逻辑推理、判断决策、职业道德等）；直接能力（拍板决断、办事操作、审核凭证等）和间接能力（辨别真伪、吸引下属、廉洁自律、不做假账等）；生活能力（生活自理）和社会能力（职业工作）；本职工作能力和领导活动能力等。

从人力资源开发与利用角度看，人才的能力按其适应性可以分为智力、专门能力和创造能力三类。

智力是符合多种活动要求的某些一般能力的结合，如观察力、敏捷力、记忆力、概括力等，是一般人所共有的，也是每个人最基本的或最一般的能力。这些能力符合多种活动的要求，其综合构成智力。

专门能力是符合某种专业活动要求的一些特殊能力的结合，如音乐能力、绘画能力、计算能力、做账能力、教育能力、数学能力等。不同领域的专业能力分别适合于不同专业活动的专门要求。它们分别由一些特殊能力构成，如音乐能力由曲调感、音乐节奏感和听觉表象等特殊能力构成，教育能力包括教育观察力、教育想象力等特殊能力。

创造能力是符合创新活动要求的某些能力的结合。具有创造能力的人，他们善于解决各个领域中的新问题、新情况。

3. 能力教育

能力教育，是指通过学校或培训机构实施人才的能力系统开发与提升的过程。能力教育全称是能力本位教育（Competency Based Education，CBE），以美国、加拿大为代表，产生于第二次世界大战后。其核心是从职业岗位的要求出发，确定能力目标，聘请一批行业中具有代表性的专家组成专业委员会，按照从事行业工作应具备的能力，层层分解确定岗位群所需能力，借以明确人才培养目标；然后，再由学校组织相关教学人员，以岗位能力为导向，设置课程、组织教学内容；最后，由专业委员会考核学生是否达到专业岗位群必备能力的要求。

能力教育强调以能力作为教学的基础，而不是以学历或学术知识体系为基础，对学生原有经验所获得的能力经考核后予以承认；实行严格的科学管理，办学形式灵活多样；随时招收不同程度的学生，并按学生自己的情况决定学习方式和时间，课程可长可短，毕业时间灵活；突出小批量、多品种、高质量特点。这种教育模式打破了传统以学科为科目，以学术体系与学制确定的学时来安排教学和学习的教育体系。能力教育以岗位群所需职业能力为培养核心，能保证职业能力培养目标的顺利实现。

（二）会计能力的含义

随着社会主义市场经济体制的建立和完善，在加快发展现代企业过程中，会计管理越来越发挥着重要的作用。会计人员是会计管理的主要实施者，会计人员肩负着反映和控制企业经济活动的重要责任，其素质和能力的高低直接关系到国家、集体和个人的利益，他们的素质、能力、水平将直接影响着会计管理的质量。高等会计教育必须加强会计能力教育。

1. 会计能力的概念

会计能力是指从事会计职业的能力，即实施财务与会计管理的能力。它是在会计理论与实践探索的活动中不断适应和发展起来的。会计人员除了需要具备一般能力外，还需具备专业所要求的特殊能力。如珠算能力、会计记账能力、对企业经营活动分析预测能力等。专业能力的取得必须以专业知识和技能为基础。

2. 会计能力框架

有的会计人员在处理完当天账务后，会不经意记住许多票据包括数据在内的内容，表现出惊人记忆能力；有的会计人员会准确判断出两种看似没有联系的经济业务之间的内在联系，表现出较高的逻辑思维能力。这里的记忆能力、逻辑思维能力，称为个别（单项）能力。不同的个体，会拥有许多个别能力，并由这些个别能力组合成该个体的能力结构。

根据我国实际情况并借鉴国际通行做法，会计人员能力框架分为注册会计师能力框架和职位会计人员能力框架两大分支。其中职位会计人员能力框架还可分为会计岗位资格（总会计师、首席财务官、财务总监、会计部门负责人等）和会计专业技术资格（高级会计师、会计师、助理会计师、会计员）的能力框架。

3. 会计能力的内容

（1）一般能力和专业能力。一般能力是指个人在各种活动中都存在的、能表现出来的认知能力，主要是指智力。在会计组织中，常见因组织提拔一名专业能力未必是最强的人任会计部负责人时，有些会计人员对此不理解、不服气，可是他们忽略了一个基本事实，那就是被提拔者一般能力较强。一般能力包括观察力、记忆力、想象力、思考力、创造力等，且以思维推理能力为核心。一般能力是专业能力发展的基础，一般能力强的个体往往专业能力也会很快增强和提高。在会计职业生涯中，成绩瞩目、成果丰硕者通常都是一般能力很强的人。那些著名会计工作者即使不从事会计工作，在其他专业领域中同样会取得显著成绩。

专业能力是指在会计学专业领域中具有特殊意义的能力。会计专业能力可分为三类：一是会计设计能力，包括会计制度、会计规程、企业组织规范等的制订；二是会计操作能力，包括会计核算、会计分析、会计检查等；三是会计管理能力，包括会计辅导、调查研究、理论研究、参与决策、组织协调等。

专业能力的提高，会促进一般能力的提高和发展。提高能力是会计人员的一笔人生的"财富"和"资本"。会计人员的能力提高和发展需要有一个时间过程，只有那些拥有继续提高和发展的内在要求和愿望的会计人员，才会长期不懈坚持继续学习和实践，不断提高和发展自己的专业能力和一般能力。因此，需要会计部门领导审时度势，按会计人员对能力的需求给予合理安排和满足，以推动会计部门总体能力水平的提高和结构优化。当会计人员能力需求与组织目标、岗位职责发生冲突时，要正确、适时引导，使之向有利于组织总体的方向发展。

（2）个体能力和组织能力。在会计实务中，工作一般都是集体分工完成。从事具体工作的会计人员其专业能力方面的要求各不相同，但从一般职业生涯来看，会计人员要想事业有成，成为会计组织的领导者、决策者，应该全面提高自己的各种能力。当然，扬长避短，突出发展某方面专业能力也不错，如有较高理论研究水平的会计专业工作者并不一定要求自己的珠算技术达到一级水平，审计经验和技巧丰富者并非一定要精通外语。作为会计个体，正确认识自己的能力优势，并努力发展；作为会计组织，应尽可能让每个会计个体发挥其特长，用人所长、避人所短，使之更好地发挥自己的才干，促进个体发展与组织发展协调与统一。

由于会计组织岗位设置的性质、数量方面的原因，每个会计人员并非都能满足个人愿望。当会计人员所从事的业务岗位与自己的能力优势不一致时，应该能动地培养新的能力核心和成长点，而不能机械消极地适应工作岗位，任凭能力弱势持续，以期望得到组织的关注和调整。

（3）模仿、再造和创造能力。为了创造，模仿已积累的知识和技能，掌握前人所总结出来的活动方式的能力叫模仿和再造能力。会计日常工作中，大量的活动是模仿和再造，循环往复，比较稳定地重复着既定的动作模式。

由于会计实务工作是循环的，技能操作方式固定，这对会计人员提高智力水平的刺激不够强烈。长此以往，容易使会计操作人员形成独特的习惯性语言、动作和思维方式。因此，会计部门领导应有秩序地对会计个体进行岗位调整和轮换，以提高会计人员的能力水平，防止会计个体长期从事某一项具体工作，以致使其能力水平总是处于低级化状态。会计部门领导要树立可持续发展观念，用动态发展思维关注会计人员，绝不可用静止的观点去看待和对待会计人员。

根据一定的目标，发现或做出对社会有价值的、新颖的、独特的事件的能力，即为创造能力。有的会计人员能根据组织结构、制度结构等情况提出改进会计某些方面的具体建议，或某方面会计核算的系统改革办法等。创造并不神秘，也不是高不可攀，处处留心皆有可能出"创造"。任何事物的发展，总是不断地从局部变化到总体变化，在变化中得到提高和发展。会计学科需要重新认识的现象、规则、规律很多，这为创造活动提供了广阔的空间。许多会计工作者不仅能获得创造能力，而且能在会计工作和生活中，不断解决一个又一个疑问和难题。创造能力必须以模仿和再造能力为基础，单纯追求创造能力，忽视模仿和再造能力的锻炼和提高，就会使目标成为空中楼阁。

（4）认知能力、操作能力和社会交往能力。认知能力是会计人员在完成活动中最主要、最基本的心理条件；操作能力是会计人员为适应或改变环境、协调动作、掌握和施展技能所必备的心理条件；社会交往能力是会计人员参加社会集体活动，与周围人保持协调所不可缺少的心理条件。认知操作能力是基础，而社会交往能力则是必不可少的条件。能否与人密切合作与融洽相处，决定个体社会活动的地位和作用。即使身怀绝技，如与人不能融洽相处，也难以找到发挥的空间。

二、会计能力教育的必要性

改革开放以来，随着社会主义市场经济体制的建立和完善，社会对会计人才的需求不断增长。20世纪90年代，会计人才一直是供不应求。然而，近年来，受多方因素影响，会计学专业的毕业生就业形势发生了巨大变化，人才需求呈逐年下降趋势，一些毕业生也面临就业难的问题。造成毕业生就业难的原因是多方面的，有用人单位急功近利的用人心理，只愿意招聘有工作经验的会计人才；也有毕业生眼高手低的就业心理，只愿意应聘大城市的收入高的工作岗位等。一个不可忽视的重要原因，那就是高等院校人才培养导向问题，忽略了对学生实际应用能力的培养。

重视会计学专业的能力教育是当务之急，其主要表现在以下几个方面。

①随着社会主义市场经济体制的建立和完善，会计工作处在一个全新环境中，会计工作的目标和任务发生了根本变化。

②全球经济一体化进程的深化，促使我国会计国际化的进程日益加快。

③新技术革命、知识经济的兴起和发展，引起会计核算对象和内容的深刻变化。

④强化管理、合理有效地利用经济资源、实现可持续发展等新政策和新措施，将极大扩展会计工作的范围和领域。

这些社会背景使我国会计工作面临着极大的挑战，同时也为会计教学的改革和发展提供了良好的机遇。

随着就业竞争日益加剧，会计学专业毕业生以什么姿态参与这场竞争，是摆在每个教育工作者面前的严峻课题。会计学专业本身要求实践动手能力强、达到的技能标准高、涵盖的范围广。在提倡"以能力为本位"教育理念的今天，会计学专业已暴露出了实践性教学严重缺乏、实际动手能力不强的问题。所以，加强会计学专业的能力教育是十分必要的，也是当务之急。

三、会计能力教育改革

(一) 会计能力结构

1. 会计能力结构概述

会计能力结构是指会计从业人员已经具有或需要达到的实施会计管理的能力组成要素，一般分为专业能力和其他能力。

会计个体的能力结构在某一时点上呈现出特定的静止状态，但在一段时间内却是一个不断变化的动态过程。能力不同于技能，能力的提高或发展是没有止境的。能力提高的速度取决于三个要素，即已有能力状况、学习锻炼的态度与意志状态、学习锻炼的环境条件。

无论是会计个体还是组织整体，在某一特定阶段，都会表现出特有的能力结构。但从动态发展过程来看，会计人员的专业能力由低到高依次表现对会计数据准确的记忆力、运用已掌握的专业知识进行会计核算的能力、对会计信息深刻理解的观察能力、对会计信息敏锐的感受与分析判断力、对会计现象深刻认识的逻辑思维能力、对会计制度与核算办法的设计能力、对会计工作检查的辅导能力、对会计工作组织的协调能力，以及知人善任能力、开拓创新能力等，渐近积累和形成。

高层次的会计能力以多种低层次能力的组合为基础，是各种能力的综合体现。如果会计主管自己对业务不熟悉，对具有开拓创新能力的会计个体不能正确理解，就谈不上知人善任了。当然，会计主管在用人过程中可以把组织成员的一般判断、评价作为任用职员的标准，但易于受非正当评判因素的影响，使职员任用与组织目标要求的距离较大。其原因主要在于组织需要与个体需要之间存在差距，多是从自身利益考虑，对他人的评判以对自己是否有利或能否让自己获利更多为标准。这种标准在一定环境条件下不具有公正性。

2. 会计职业能力与专业能力

根据会计能力结构的不同，会计能力分为会计职业能力和会计专业能力。会计职业能力包括以下六个方面。

（1）基本能力。基本能力是指会计专业人员的态度、行为技能、广阔的企业视野、功能性技能、技术知识、智力能力。

（2）会计相关能力。会计相关能力是指财务报告、财务成本管理等与公司财务会计相关的能力。

（3）附属能力。附属能力是指财务人员对现金的管理、公司财务报表的分析、公司经营管理过程中的财务核算和公司战略规划在财务方面的决策支持等能力。

（4）职业素质。职业素质是会计职业人员具有正直公正、廉洁奉公、认真严谨等品质。

（5）扩展能力。扩展能力是指会计人员除了基本的财务能力以外，还要具备根据现有的财务数据分析，解决在现实的公司发展中遇到的问题，以及与公司财务相关的上下级部门之间的人际交往、沟通协作的能力等。

（6）必备知识。必备知识是指财务会计人员要具备法律方面的相关知识，还要具备经济管理、营销策略等相关知识。

会计专业能力是指会计具备很强的会计方面的技能，掌握丰富的会计知识，能解决很多棘手的问题，所以会计专业能力更多的是强调会计个人本身应具备的知识和技能。

会计的职业能力和专业能力是会计人员的两个密不可分的能力要素。作为会计人员，首先要有会计职业能力，作为会计职业先导能力的职业能力，是随着社会经济和社会分工的变化而变化的，职业能力在不同社会发展的时期具有不同的能力要求；而会计的专业能力是随着社会的发展、职业能力的变化不断完善，会计专业能力是会计职业能力的核心要素。高校会计能力的培养教育，将为高校学生将来从事会计职业做充分的准备。

（二）从事会计职业的人员应具备的能力

1. 全面的综合素质

从事会计职业的人员，要具有全面的综合素质，包括政治素质、法律意识和组织协调的能力。

会计人员要不断学习党和国家的方针政策，坚定政治立场，坚定自己的爱国热情，有高度的组织纪律性，并从会计人员的能力要求角度熟悉国家财经方面的法律法规，严格执行《会计法》及相关的财经法律法规、财务会计规章制度，并有较强的组织能力，协调公司内部各个单位之间的关系，协调公司与社会财务相关部门的利益关系，做到认真工作。

2. 扎实的专业知识

会计从业人员就是对其所任职的公司发生的各类财务相关的事项进行统计、会计核算和制作各种财务报表，为公司的经营管理、战略规划提供真实可靠、针对性强、有利用价值的财务信息。要做到这些，会计从业人员需要具备扎实的财务、税收等专业财务理论知识，具备处理日常会计核算和财务管理的能力，具备相应的专业技能和处理财务业务的能力和计算机操作的基本能力，要善于把握会计工作的运行规律，从而不断提高自身判断能力，为企业提供真实会计信息。

3. 丰富的实践经验

会计人员从事会计职业，要根据国家统一的会计制度规定，还要根据自己所在公司的业务实际情况，根据公司的经营目标和战略部署规划，正确处理公司内外部各种利益关系，合理分配公司的资金使用，组织实施公司内外部资金控制的战略规划，组织协调公司的财务工作。

（三）高校会计学专业人才应具备的能力

1. 社会责任感

高校会计专业人才是该社会群体或个体对价值、忠诚、良知、信仰的认同，是其价值观态度和信念的表现。会计人员的社会责任感集中体现在"诚信为本、操守为重、坚持准则、不做假账"。在校大学生是社会主义事业的接班人，会计学专业学生是未来的会计从业者，必须树立高尚的社会责任感。

2. 学习专业技术能力

高校会计人才的教育和培养，要随着时代的发展不断改进教育教学，要培养教育学生终身学习的习惯，以适应不断变化的社会发展和不断进步的会计职业能力的培养要求。会计学习专业技术的能力，是指高校会计专业人才要具有的从事会计职业工作的能力，是由会计专业培养目标和职业性质、岗位特点确定的。会计专业人才还要在学习实践中进行训练和培养。专业技术能力包括专业基础能力和专业核心能力。

3. 分析判断能力

在世界经济风云变幻下，会计人员要能通过以往财务信息的数据，提炼各种信息数据，组织和判断对公司发展有用的信息，能够为公司的领导决策提供正确判断。获取信息能力,是未来会计从业者不可缺少的能力。会计人员利用会计部门自身提供的会计信息,进行财务分析、预测公司经济前景、判断经营风险,是财务人员必须具备的能力。

4. 创新能力

会计专业的创新能力是指,在会计的实际工作中,会计专业知识和技能在企业的财务管理中的创新精神,对企业财务业务的开拓能力。高校会计学专业人才的创新能力包括专业拓展能力和其他素质能力(职业规划能力等)。大学生创新能力的培养,是社会发展的客观需要。

综上所述,会计能力教育在会计学专业教育中十分必要。从现在实际情况来看,尤其要加强创新能力、职业判断能力、职业道德能力的培养。

四、高校会计专业人才的能力培养

(一)会计专业人才创新能力的培养

1. 创新能力培养的意义

创新能力是运用会计专业的知识和理论,在社会的各种实践活动领域中不断提供具有经济价值、社会价值、生态价值的新思想、新理论、新方法和新发明的能力。创新能力是民族进步的灵魂、经济竞争的核心。当今社会的竞争,与其说是人才的竞争,不如说是人的创造力的竞争。

然而,现实高校大学生创新能力培养情况并不乐观。有学者做过调查,得出结论是,有创新意识,但不善于充分利用和积极创造条件;思维敏捷,但缺少创新性思维方式;有灵感,但缺少创新技能。因此,高校对学生创新能力的培养,任务十分艰巨。

2. 创新能力培养的内容

任何专业的人才培养,都离不开创新能力的培养,只有不断创新,才能适应全球经济一体化的新要求。作为培养创新人才的基地和摇篮,高校要更新教育教学理念,培养会计专业人才不断探索财务新知识、发现财务管理中存在的问题、不断创新财务管理领域,掌握会计专业技术能力和社会应变能力,把培养大学生的创新能力作为教育改革的核心。在实施会计专业人才创新能力培养时,高校应注意抓好会计职业观察思考能力、文献检索和资料查询能力、探索发现能力三个方面。

3. 创新能力培养途径

要实现会计学专业人才创新能力培养目标,需要做的工作很多。可以说,涉及会计教育的所有工作,都与创新教育相关。在此我们强调两方面工作。

(1) 营造创新教育环境。高校会计专业人才的培养,要把学生当作教育的主体,对大学生进行引导,提供必要的心理咨询和服务,加强校园文化建设,充分调动学生的参与意识与积极性、主动性,通过学校组织和开展的各种社团活动,充分发展学生的自身特长,在活动中增长见识,培养其创新创业精神,形成和谐健康的校园文化。

(2) 认真撰写毕业论文。毕业论文是检验学生是否具有创新能力的载体。从教育管理层面上讲，由选题、开题报告、大纲、调研、收集资料开始，到撰写定稿、评阅、答辩、成绩评定为止，每个环节、步骤都要强调毕业论文的"创新点"。会计学专业学位论文的创新性问题，可以从以下几个方面来评价。

①学士学位论文具有创新意识即可，硕士学位论文要有创新行动，博士学位论文必须要有创新成果。

②创新意识是指人们根据社会和个体生活发展的需要，引起创造前所未有的事物或观念的动机，并在创造活动中表现出的意向、愿望和设想。

③创新意识，就是有创新想法，具有初步的科学研究能力，学位论文"较新"；创新行动，就是创新实践，具有一定的科学研究能力，学位论文"很新"；创新成果，就是创新成就，具有独立的科学研究能力，学位论文"全新"。

④较新可用"改进"表示，与前人研究成果比有一点不同或小部分不同，即可达到要求。

(二) 会计专业人才职业判断能力的培养

会计专业人才的职业判断能力培养的必要性，是社会会计行业发展的必然要求。拥有会计职业判断能力是一个会计专业人才必须具备的条件。职业判断能力培养的途径，从高校本身出发，包括学校、教师和学生都要真正实现会计学专业人才职业判断能力培养目标。

1. 转变教育观念

高校应多配备具有优秀职业素质的教师，在教学过程中应避免"填鸭式"教学，注重培养学生分析问题的能力。只有教师具备很高的职业判断能力和优秀的教学方法，才可能教出优秀的学生。因此，师资素质的高低直接影响到学生职业判断能力的培养。

教师不能只重视书本知识的教学，而要兼顾实践能力的训练。理论联系实际，把知识与实际相结合，才能让学生在更好地理解会计知识的同时，提高实践能力和职业判断能力。

鼓励学生全面发展，培养知识、技能、职业道德俱全的专业人才。各高校应加强职业道德教育，因为良好的职业道德是会计职业判断的保证，是衡量会计人员职业判断能力的一个标准，它直接关系到学生将来的生存和竞争力问题。高校还可以通过各种方式鼓励学生培养创新能力，如学校组织一些活动，设置一些奖项来鼓励学生加强对创新能力的培养。

2. 重视实践教学

大众化教育要求对会计学专业学生社会应变能力的培养，为了提高学生就业适应性，除了教会学生掌握基本会计专业技术能力外，还应培养学生具备必要的社会应变能力。教师要积极参与社会实践活动，增强自身的职业道德修养，提高职业判断能力水平。有条件的教师，应多参加会计师事务所、社会审计机构、企业会计部门的兼职或挂职工作，合理安排教学内容，慎思教学环节。教学内容紧扣实际，重视实践教学，教学过程中注意抓好学生三个方面能力培养：一是培养学生熟悉不同行业会计核算特征，提高学生的适应能力；二是培养学生与企业外部银行、税务、财政、审计等各种国家机关和企事业单位发生业务往来的沟通能力；三是培养学生会计方法和会计手段的会计现代化能力。

3. 学生积极参与

学生首先要做的就是把专业知识学精学透，不要死记硬背，要在理解的前提下牢牢掌握、灵活运用，为将来从事会计工作奠定坚实的专业知识基础。

积极参加各种实践，在实践中学会分析、判断、综合、总结，养成一种良好的思维习惯，从而提高自己的职业判断能力。

增强职业判断意识，提高对会计职业判断必要性和重要性的认识，从而有意识地加强自身职业判断能力的培养。

树立正确的职业道德观，保证自己将来在做出职业判断的时候客观公正，实事求是，确保会计资料真实、公允地反映会计主体的财务状况和经营成果。严于律己，自觉抵制各种利益的诱惑。这是从事会计工作所应具备的基本素质。

（三）会计专业人才职业道德的培养

1. 加强职业道德教育

会计职业道德教育，是整体道德教育的一个组成部分，是会计行业各级领导部门或教育单位根据会计职业道德原则和行为规范，结合会计活动的特点，全面、系统和具体地对会计人员实施道德教育，为深化经济体制改革和加快社会主义现代化建设服务。高校会计专业人才培养，要在学生的日常教学活动中，贯穿会计的职业道德教育。会计职业道德教育还体现在会计人员日常所应有的严谨、踏实、一丝不苟的工作作风上。

2. 树立正确的职业道德观

会计职业道德是会计人员的行为规范和会计行业的行为准则。会计职业道德是工作质量的重要衡量标志，同时也是衡量会计从业人员能否开展会计工作的重要标志。面临激烈的市场竞争，会计人员大多掌握着企业的商业机密，如果会计人员缺乏职业道德，将对企业经济效益造成重大损害。因此，在会计专业教育过程中，会计职业道德是人才核心素质。由于高校的学生大多处于人生发展阶段，思想开放、活跃，具有一定的自觉性和独立性，容易接受新鲜事物，具有较强的认同感。因此，要将高校会计道德教育作为职业教育的基础内容，在教学过程中帮助学生树立正确的职业道德观，逐步培养学生的会计职业道德，确保高校会计专业人员能够爱岗敬业、保守秘密、诚实守信及依法办事。会计人员应当热爱本职工作，严格保守企业的各种商业秘密，自觉维护企业形象，为企业的发展出谋划策。

3. 职业道德培养的内容

会计学专业人才培养的全过程、全方位都要加强职业道德教育。职业道德教育既是思想政治教育的内容，更是会计学专业的重要教学内容。在会计学专业人才职业道德培养过程中，一定要让学生深刻体会"诚信为本、操守为重、坚持准则、不做假账"的含义。

总之，无论是会计从业人员，还是在校学习会计的专业学生，未来的会计从业者，在校学习期间应加强这些职业道德内容的修养。同时，学校和教师也应重视对学生会计职业道德内容的教育和培养。

第二节 高校会计素质教育

一、素质教育的定义

素质教育是针对"应试教育"而提出的一种教育思想。它是根据我国的教育方针，以学生的自身品质为依托，以现实的社会环境为条件，以全面提高学生的思想道德、科学文化、身体心理、创新精神、创新能力等基本素质为根本目的，以培养学生创新能力、使学生得到全面和谐发展为宗旨的教育活动。素质教育的实质就是尽最大可能发掘学生的潜能，努力使每个学生在其天赋允许的范围内得以充分发展，使之学会求知、学会生活、学会健体、学会审美，成为对社会有用的人才。素质教育是人才培养的全新模式，涉及教育观念、教育体制、教育结构、人才培养模式、教育内容和教学方法的一场重大变革。

素质教育的内容十分广泛，可以说包含了所有人文社会科学和大部分自然科学的内容。就高等教育而言，素质教育中的"素质"，一般包括思想道德素质、科学文化素质、身体素质、心理素质、审美素质、劳动技能素质和能力素质等，而每种素质又包含自己独有的内容。

二、会计素质教育实施

（一）会计职业的素质要求

会计职业素质包括的内容很广泛，可以把会计职业素质归类，其构成包括三个方面：一是精神层内容，包括思想政治、职业意识、职业道德、法律意识和身心健康素质；二是知识层内容，包括会计学专业知识、会计理论基础知识、相关的专业文化知识和背景知识，以及会计工作经验知识；三是行为层内容，包括会计工作的操作能力、实践能力、应急能力和创新能力等。

高等学校会计本科教育的目的是培养学生具有会计职业人员应具备的素质，而不是把他们训练成毕业时就成为合格的会计职业者，要培养他们在现代信息中能保持自我控制航线。所以，会计职业的素质要求有如下几点。

1. 职业道德素质

会计职业不仅要培养良好的职业道德能力，还要有基本的职业道德素质，要熟悉会计行业的法规、财务会计管理制度、准确处理日常生活中的各项会计业务、熟练操作财务软件、具有较强的专业实践能力。重视在校学生的职业道德教育和思想政治教育，防患于未然。

2. 知识结构素质

处于知识经济时代的会计学专业人才，知识结构要宽，要能对实际工作中的问题做出自己正确的判断，能深入分析和研究财务问题，找到解决问题的各种变通的方法，有利于企业健康快速稳步发展。因此，要求会计学专业学生具备各种人文科学知识，加强学生的人文素质教育，培养人文精神，逐步培养学生的抽象思维能力和分析运用数据的能力，提高自身的思想道德素质；会计学专业学生还要掌握相关学科知识，了解政府机构、企事业单位职能部门的特点，增强学生在实际工作中的适应能力和应变能力；努力提高学生专业知识的学习能力，掌握现代会计理论的基本内容和方法，掌握从事会计职业的技术知识。这样通过全方面知识结构的学习，使学生的知识结构更加合理和完善，培养学生综合分析和综合管理的能力，将所学的知识运用到以后的工作中，帮助提高企业的市场竞争能力。

3. 能力结构素质

不断学习、终身学习是迎合时代发展要求，紧跟时代步伐的重要措施，企业在开展招聘活动时必须要确保招聘人员能够快速胜任本岗位工作。学生自身的角度和地位转换需要一定的适应过程，而通常具有较好心理素质的人员能够快速融入社会，从而较快胜任岗位工作。会计信息已经成为国际化的商业语言，会计专业人员不仅是为企业记账、报账，更重要的是要参与企业决策、参与企业管理。会计学毕业生要有快速进入工作状态的能力，要具有分析问题和解决问题的能力，还要有一定的自学能力、科学钻研的能力和创新能力，还要具有较强的社会实践能力。从事科学研究不仅是理论工作者的职责，也是实务工作者的任务之一。会计学专业毕业生有一定的科研能力，具有一定的创新理念，应当就会计实务中遇见的问题进行探讨，总结工作经验或教训，为完善会计学科理论与实务做出应有贡献。

(二) 会计素质教育的内容

事实上，会计职业素质的要求，都是会计素质教育的内容。但是，会计学专业毕业生不是现实的会计职业者，高校无法也没有必要培养会计职业人才，只能培养出有会计职业素质的潜在会计职业人才。所以，探讨会计素质教育的内容，只能从会计学专业的特点出发。

会计素质教育与会计技能教育是有区别的。一定的科学文化知识、丰富的专业知识、良好的语言表达能力、熟练的计算机操作能力，以及有一定的写作能力、计算能力，这是会计人员应具备的基本技能，在这方面经几十年的探讨与完善，现有比较完整的方案。但是，会计人员的素质教育并不仅仅包括这些方面的教育。

素质是一个人的思想认识、理想信念、文化基础、业务能力的综合反映，是技能发挥的内在原动力。要了解会计素质教育的内容，首先应弄清会计工作对会计人员素质的要求。只有弄清了这个问题，会计的素质教育才能落到实处。

1. 忍耐能力

会计是一个信息系统，自产生以来就以数字为语言。虽然会计信息数字可以反映千差万别的经济现象，但数字本身是枯燥无味的。因此，会计的素质教育，要培养会计人员对枯燥无味的数字工作的忍耐力。

2. 服从能力

从起源看，会计原本不是一个独立存在的职业，它是从小规模生产经营者核算中分离出来的。也就是说，会计是对生产资料所有者和生产资料经营者的一项服务、服从性工作。从事会计的职业人员不允许按自己的独立思维操作，而必须服从于生产资料所有者和经营者。因此，会计工作者必须树立牢固的服从意识。在生产资料所有者和经营者相分离的情况下，所有者与经营者对会计业务的目标和要求并不完全一致，会计工作者还必须巧妙地处理好这一对矛盾。

3. 交际能力

在会计工作中，会计人员要与方方面面的单位和个人打交道，要善于处理企业与财政部门、税务部门、金融部门、投资者、其他有债权债务关系的单位，以及企业内部财务部门与管理者、其他部门、全体职工的关系。所以，应注意培养会计人员的交际能力。

4. 业务能力

会计是技术性很强的专业工作，业务素质教育也是会计素质教育的重要内容。业务素质主要是指会计人员对会计管理过程进行熟练驾驭，包括核算准备、核算过程设计、核算工具的熟练运用、核算结果的科学披露等。

(三) 会计素质教育的途径

高校会计专业素质教育是提升学生专业能力及综合素质的重要手段。高校会计素质教育的提高有以下几种途径。

1. 改革会计教育教学方法

高校会计的素质教育，既要重视会计概念和会计核算等知识的传授，更要重视学生素质能力的培养，要让学生重视财务管理的监督、对企业内部的控制和分析及对企业战略规划发展方面的实践操作，以便使企业的财务管理降低和控制企业的经营风险。因此高校会计教育要以培养高技能的会计人才为目标，不断完善高校会计教育教学内容和教学体系改革，培养具有综合素质的创新会计人才，开展会计专业的创新创业教育和就业教育，培养一批能够满足社会需要的会计人才。

2. 提高会计职业道德素质

高校会计素质教育，要丰富素质教育的内容，要将职业道德素质教育渗透到学生整个学习过程中，要整合会计学专业课程，创建综合课程或会计专题讲座，将会计行业的专业新知识、新理念融入学生的课程学习中，大量采用案例教学，及时解读会计准则的新变化，解决实际工作过程中的问题。

高校会计专业素质教育的重点，是要培养学生的职业道德素质，不断深化学生的思想政治教育和职业道德教育，在会计理论知识教育中体现出会计人员诚实守信的基本职业道德，不断提升学生的会计职业纪律，引导学生的会计行为，从而为学生在会计工作中保密、务实的职业道德素质养成打下坚实基础。

3. 重视高校会计实践教学

高校会计专业素质教育，要结合社会会计岗位实际需求来设置课程。社会会计岗位实际需求是衡量会计岗位胜任能力的重要依据。会计从业人员在会计活动开展时，必须具备个性心理特征，从而保障会计工作正常进行。会计岗位胜任能力是会计人员能够胜任会计岗位工作必须具备的基本能力，同时也是保障会计工作顺利进行的重要内容。

重视会计实践教学，会计实践应采取"全过程、分阶段、内外结合"的方式进行。全过程教学是在学生的在校学习期间都要贯穿会计专业的实践教学。分阶段教学，是指会计实验或实习分阶段进行：第一学期社会调查，第二学期生产实习，第三学期基础会计模拟实训，第四学期财务会计模拟实验，第五学期成本会计实习，第六学期会计综合实训，第七学期会计理论与实务探究，第八学期会计顶岗实习。内外结合是指校内模拟实验（实训）与校外实习相结合，校内模拟实验以一个企业的整个经营活动过程为教学内容，完成作为一个会计人员在企业发展中会计所要分担的全部工作；校外实习以工业企业为主，由企业会计人员为导师，学校派专业教师协助工作。

4. 加强高校会计思想法制教育

现代社会中的经济犯罪案件中会计人员法制观念淡薄也是一个重要原因，国家对经济建设中的大量法规也在不断完善中。我国的经济建设要向法制化快速发展，会计职业的法制建设也提到了重要位置。高校会计教育要在有关的经济法课程中突出会计法规的内容，使学生做到知法、守法，在未来的工作中能够维护国家法律，抵制违法乱纪行为，起到会计监督的作用，实施会计控制手段。会计专业的学生从一开始学习就要特别注重法制的学习，加强法制观念。

5. 培养高校会计专业学生的综合素质

高校会计专业学生的综合素质包括大学生的专业知识和专业技能素质、职业道德素质、思想政治素质和创新能力素质等，还有培养高校会计专业学生沟通协作的全面综合素质。高校要通过一系列的校园活动，创立会计社团，学习会计准则、会计业务、会计管理等理论知识，社团团体或个人，还可以利用寒暑假，以实习生身份到企业实践，熟悉填证、审核、记账、算账、报账、编表等一系列会计工作，培养学生学习的积极主动性，实现大学生的人生价值。

6. 进行会计专业学生的就业教育

各级各部门要做好社会青年尤其是高校毕业生的就业工作，促进高校大学生的创业热情，从而带动其社会就业。党的十九大报告也指出，要提高全社会包括大学生的就业质量，实现高质量就业，促进和谐社会的发展。高校会计专业就业教育是构建和谐社会的需要，培养大学生正确的会计职业理想和会计职业观念，促进大学生未来顺利就业。

高校可以建立校企联合机制，条件成熟的高校，还可以"定单式"培养企业特殊要求的人才，对学生进行有针对性的专业教育，调动其学习的积极性，同时也解决了大学生的就业问题。高校也可以鼓励学生参与到会计师事务所的实际工作中，让学生有机会近距离感受会计工作的流程和步骤，强化学生的业务素质。

第五章 应用型人才培养视角下会计教学改革的发展思路

第一节 会计专业人才培养模式实践

一、本科会计专业人才培养模式

(一) 传统的本科会计专业人才培养模式的不足

1. 教学模式发展滞后

具体表现为：一是以教师授课为主，学生处于被动状态。大部分课堂问题已经设计好了答案，只有唯一答案，显然脱离了复杂多变的现实情况，用这样的案例教育学生，不利于培养他们的创造能力。以通过职业考试为导向的教学方法进一步束缚了学生的思维。会计教育与人文知识、自然科学知识教育衔接不当，不能达到高等教育的基本目标。继续教育对会计职业至关重要，却没有受到充分重视，开展继续教育的机构之间也缺乏联系。

二是对会计教学中的实际问题的讨论分析不够充分。会计专业教材多是对会计制度的讲解，并在此基础上增加了一些简单的例题、练习。教材内容不生动，把本来丰富多彩的实际经济业务简单化，限制了学生的思维，使其不能很快适应复杂的实际情况。

三是实践环节缺乏。学生在校的实验活动集中在会计基础课程中，该课程实践性较强而其理论又比较抽象，对于从未接触过会计工作的学生来说，难以理解和掌握。

2. 课程之间的联系性较差

在传统的会计教育模式下，各门课程之间尽管在内容上做了协调，但各自为政，忽视了彼此之间的融合发展，学生很难将所学知识进行整合，形成自己的能力。例如，在"会计学"中教师只讲授与会计业务有关的个税知识，而在"税法"中教师只从经济法的角度来向学生传授单纯税法的内容，却没有将二者很好地联系起来，使学生在实际从事税务会计时感到无所适从。

3. 偏重于会计专业知识教育

传统的会计教育往往通过设置一系列会计课程来完成。在教学方案中，会计课程的课时通常占总课时的50%左右。教学方案尽管有部分经济学、管理学及信息使用的课程，但课时数较少,而且内容往往是相对固定的,同时学生对其的重视程度远不如会计课程。

4. 缺乏对学生实践能力的培养

传统的会计教育侧重理论学习,忽视学生实践、应用能力的培养。在传统会计教育模式下,学校往往开设一系列会计专业课程,偏重于教授学生基础知识、理论知识,而忽略了教会学生如何应用这些知识。在这种教学模式下,学生学会了怎样编写会计分录,怎样编制会计报表,但在如何利用所生成的信息帮助企业解决日益复杂的财务活动及会计问题方面则显得不足。

(二) 应用型会计专业人才培养模式的构建

传统的本科会计专业人才培养模式存在很大的弊病,束缚了本科会计学生的发展。因此,我们必须进行应用型会计人才培养模式的改革。

1. 教学选择模式

教学模式是教学理论和教学实践的综合体。一种教学模式总有一定的理论主张、理论倾向和理论依据。影响教学过程的诸多要素在时空上的组合方式,直接影响着学生学习的积极性和主动性,影响着教学效率和质量,关系到教学目标能否实现、教学任务能否完成。所以会计教学模式应根据课程特点、教学内容特点来构建和选择,主要可从以下几方面入手。

(1) 构建以培养能力为重心的教学体系。教师在教学过程中将传授知识、培养能力和提高素质有机结合起来,构建以培养能力为重心的教学体系,体现多层次、个性化的培养特征。教师应构建以提高基础理论和基础知识为目标的理论教学体系,以提高基本技能与专业技能为目标的实战教学体系,以提高综合能力和拓展专业外延为目标的素质拓展体系,构成人才培养的总体框架。

(2) 改变现有教学方法,提高专业能力。会计传统的教学方法是黑板授课。在以往的教学中,这种教学方式起到了重要作用,但是随着信息时代的到来,世界各国都在进行教育改革,如利用多媒体网络教育系统、远程教育联动学习系统进行教学。我国也已经大面积进行计算机辅助教学,所以从事会计教学的教师应抓住机遇,尽快建立适应信息社会需求的、全新的、高效率的教学方式和教学手段,在教学中加强实验操作,利用财务软件进行教学,设置课题讨论、课堂交流,对不同学科可选择某一重要环节进行操作练习,并进行综合模拟操作练习,增强学生的感性认知,提高学生专业水平。

(3) 改变教学内容,增强品质能力。根据"就业导向"原则,职业工作岗位用什么就教什么,职业工作岗位需要什么就训练什么。教师在设计会计职业工作岗位知识、技术和能力训练单元、模块时,应根据会计职业岗位分工来研究、确定各自要知、要会和要做的知识、技术和能力模块。一个职业工作岗位对应一个模块组合,每个模块又包括若干个技能单元,每个单元就是会计岗位技能训练的基本单位。会计职业工作岗位的所有模块构成了会计本科实践教学的内容。

(4) 改革教学管理模式。新的会计教育模式强化了教学的灵活性,增加了教学活动的复杂性，与此同时，教学管理工作要根据新模式下教学活动的特点进行改革，为新教育模式的推行保驾护航，同时起到监督作用。

（5）实行学分制教育。学分制是指高校相对于学年制实行的教育制度。高校实行学分制可以充分调动学生的积极性，有利于多样化、个性化的人才培养，而且与"大众化"教育的要求相适应，同时可以较大限度地实现个性化教学，激发学生的潜能。学分制可以最大限度地解决学习任务和学习能力之间的矛盾；学分制可以最大限度地培育学生的道德、能力和创造力；学分制有充分的空间让每个学生深入细致地掌握、领会知识，将知识理解透彻。

（6）构建教学质量监控体系。为了规范教学秩序和监控教学质量，学校应构建培养应用型会计专业人才的全员性、全方位、全过程的质量监控体系。教学质量监控体系是"全员性"的，即监控的主体是以学校主要领导为第一责任人的全校所有部门和全体成员参加的群体；质量监控体系应是"全方位"的，即监控的对象既包括教学过程，还包括生源、师资、设备等教学要素；质量监控体系应是"全过程"的，即监控的运行是全过程的，学校不但要在教学基本过程中实施监控，而且要在市场需求调研、专业结构优化、人才培养方案制订、考核评价、学生就业、用人单位反馈等方面实施监控。这种全员性、全方位、全过程的监控，才能有效地提高学校人才培养质量。

2. 教师选择模式

教学模式、考核评价模式确定后，教师就是教学成败的关键和决定因素。所有教学过程的实施、教学效果的考核都由教师执行，而不同的教学模式要求教师具备不同的素质和能力。因此，在教学模式确定的基础上，学校要根据不同教学模式的特点选择教师。教师应该注意在构建应用型会计专业人才培养模式过程中，实现角色的转变。为了实现教育目标，教师要改变传统的、单向性的教学模式，寻求一套以学生为中心，以能力的培养为基本点，在传授知识的同时培养学生的运用能力的教学模式，实现由教学中的说教者、课堂的控制者向教学中的示范者、学习中的组织者的转变。

3. 考核评价选择模式

目前，我国绝大多数高校采用德智体量化综合测评的方式考评学生。这种制度尽管比较直接规范，透明度和公平性都较高。但也存在反面导向问题——学生唯"分"是图。因此，从总体上讲，目前我国的教育评价制度与素质教育尤其是创新教育还不能完全适应。教育评价制度改革的方向是变静态单一、应试式的评价制度为系统、动态、多样化的评价制度。具体有以下几方面。

（1）评价内容的全面性。对学生的评价，不应该仅仅衡量学生所学知识的多少和所学内容熟练度的高低，还应该包含其运用综合知识解决问题的能力。

（2）评价过程的动态性。教学过程中的恰当评价有利于教学双方总结经验、调整方法、提高教学效果，因此对会计专业学生的考核和评价不应该只在期末或某一固定时间进行，而应该不定期、随机地进行，以便准确掌握学生的学习能力。

（3）评价方法的多样性。评价方法包括以考试方式考核学生的掌握程度，以实验方式考核学生知识的运用能力，以案例方式考查学生分析问题、解决问题的能力，以实习的方式了解学生对知识的应用程度和社会实践能力。

（4）评价指标的系统性。评价指标要尽可能覆盖学生的知识、能力、素质等方面，除学习成绩外，还应包括社会工作能力、科研创造能力等方面。

4. 会计专业人才培养目标模式

会计本科教育培养的是适应社会需要的应用型本科会计专业人才，其人才培养目标应体现出"厚基础、宽口径、高素质、强能力"的特点。其内涵应具体体现为"厚基础"，即学生要具备扎实的会计专业基础理论知识；"宽口径"指拓宽学生的知识面，相近学科专业打通培养，增强学生对经济发展和社会需求的适应性；"高素质"则是加强学生人文素质和科学素质教育，提高其文化品位和素养；"强能力"是指训练学生获取知识的能力、综合应用知识的能力及发展创新能力，将学校教育与社会实践相结合，培养学生对社会的认识及适应能力。

二、国际化会计专业人才培养模式

（一）国际化会计专业人才的内涵分析

随着经济全球化进程的推进，国际金融对经济发展的影响越来越大，会计专业人才不能仅局限于一个国家或地区，而应立足本国实际，超越国家的范畴，具有国际视野，了解其他民族文化，在国际竞争中施展才华，运用自身的知识和能力。国际会计专业人才在经济全球化发展中扮演着越来越重要的角色。

我们不能简单地将有国际留学经历或有国际工作经验的人等同于国际化人才。国际化会计专业人才是一种素质的体现，具体包括：一是具有良好的语言沟通能力，能够进行双向交流；二是能够认同不同的价值理念，适应各地的风俗习惯；三是具有宽广的国际视野和强烈的创新意识；四是具有复合的知识能力和素质。

（二）国际化应用型会计专业人才培养模式的构建

1. 完善课程设置

教育部提出"宽口径，厚基础，高素质"的现代教育理念，会计教育亦是如此。会计教育的课程设置应把培养学生专业知识结构和职业能力作为基本目标，将对学生素质和能力的培养有效融入课程体系之中。

我们要根据社会需要和学科发展规律，对课程体系进行调整和改进，使之适应不断发展的时代要求。第一，课程设置应注重会计学科知识的系统性，在完善专业课程体系的同时精简专业课，合理确定各门课程的内容，避免课程之间内容的重复；第二，课程设置要重视学科的综合性和知识的完整性，不应局限于会计学科体系，在夯实学生数学、外语、计算机等知识的基础上也要注重学生经济学、统计和法律等知识的学习；第三，课程设置应与社会需求紧密结合，避免学生掌握的理论知识和社会实践需要脱节；第四，课程中增加国际化的内容能培养学生在国际化和多元文化的社会工作环境中的生存能力。

2. 加强教材建设

加强教材建设是国际化会计专业人才培养的重中之重，根据目前我国专业教材的实际情况，社会各方都应采取相应措施，清理教材市场，从源头上加以控制。首先，部分课程使用英文原版教材授课，能保持较快的内容更新速度，从而使教师与学生迅速把握国外会计学科最新的发展动态，改进原有教材体系和相关内容，尽快实现教材的国际化，为学生更广泛地阅读英文资料打下基础，使学生适应国际化竞争的需要；其次，加强教材市场监管，国家应规范教材市场，建立严格的审批制度，出版社严格把关，建立严格的准入制度，打造我国会计专业精品教材，推动教材的国际化发展；再次，教师应编写"国际化"的教材，在引进国外先进教材的同时，积极建设有自己特色的国际化教材体系，博采众长，努力钻研，力争将多年教学经验和科研成果汇集成册。

3. 创新教学方法

目前，我国人才培养基本上还在沿用传统的灌输式教学方法，忽视学生的个性发展，不能做到因材施教。我们应该按照国际化人才培养的特点和规律，寻求科学合理的教学途径和方法。在教学方法中，教师应该强化案例教学法，推行问题导向型教学法，引入自学与讨论联动式教学法，以学生为中心，以提高学生自主学习能力为目的，确定学生在学习活动中的主体地位，加强教师与学生的相互沟通，保证多样化的教学方法发挥作用，使会计专业人才培养与会计发展国际化的进程相一致。

4. 改进教学手段

为提高教学质量，教学手段应实现从传统教育向现代化教育的转化，积极推广多媒体教学和远程教育，使学生从感性和理性两方面认识会计理论和会计实务工作，提高学生的会计实践能力和专业操作能力。在教学过程中，教师应引进国外先进的、适合中国学生特点的教学方法，在坚持原有的双语授课、案例教学和模型模拟教学的同时，探索各种途径进行教学实验和改革，提高教学质量，增强学生的竞争力。教师应运用多媒体辅助教学和其他辅助教学手段，将演示教学、模拟实践教学、互动教学等与传统的课堂教授方式结合起来，实现教学内容的及时更新，同时发展现代远程教育，实现国家教育资源乃至国外教育资源的共享，进一步提高教学质量。

5. 更新人才培养理念

人才培养理念在根本上解决了按照何种思想培养人的问题，是对人才培养模式的科学认识，对人才培养具有先导性的作用。发达国家更加注重对学生能力、个性和素养的培育，重点突出创新精神，强调使学生满足社会的需要。让学生掌握终身受益的原理性知识和处理问题的能力，这一"终身学习"的培养理念在国外最受推崇。在现代教育中，我国国际化会计专业人才的培养也应按照"终身学习"的原则进行。"终身学习"理念认为，为了使人才能够适应迅速变化且日趋复杂的社会环境，人才培养应注重对学习方法和创新能力的培养，强调在接受教育期间掌握工具性知识和继续学习的能力，打破"一次教育，终生受用"的传统思想，为职业发展奠定基础。

6. 明确人才培养目标

人才培养目标解决了培养什么样的人才的问题，只有明确人才培养目标，才能决定所培养的人才应具备的素质与能力。会计专业人才培养目标要与会计所处的社会环境、经济因素及会计本身的技术手段相适应。根据我国经济和社会的发展状况，我国国际化会计专业人才的培养目标定位于培养具有较强的国际适应能力和广博的专业知识、社会知识的高素质复合型会计专业人才。

7. 推进实践教学发展

会计是一门集理论性、技术性于一体的应用型学科。在会计专业人才培养过程中，教师不但要传授学生基本理论知识，还要使学生掌握会计的各项专业技能，只有两者结合，才能学以致用。国际化会计专业人才培养旨在培养高素质的复合型会计专业人才，这已成为会计教育界的共识。会计改革呼吁培养适应实际需要的会计专业人才，会计教育担负着为国家输送高素质会计专业人才的重担。因此，教师重视会计教学中的实验教学环节，加强学生实践能力的培养，就显得格外重要。

完善会计实践教学内容，不仅关系整个会计行业未来的发展，还对我国国际竞争力的提升有所帮助。高等教育应如何应对会计教育趋势的挑战是值得我们深入探讨的问题。学校应加强会计实践教学与相关课程之间的衔接，完善校内手工模拟实践环境，加强校企合作，开展校外实习，加强会计实践教学的教师队伍建设。总之，实践教学是实现会计专业人才培养目标的重要步骤，实践教学的效果如何决定了会计教学工作的成功与否，也决定了会计教学质量的优劣。

8. 加强教师队伍建设

教师是高校最重要的教育资源，教育国际化的关键因素是师资队伍的国际化，因此建设一支结构合理、业务精良、具有创新思维和能力的师资队伍，是实现会计教育国际化、提升教学质量水平的关键。完善教师队伍建设可从以下方面着手：明确师资队伍建设指导思想，努力建设一支与办学定位和目标相适应、结构优化、具有创新能力的师资队伍；提高教师队伍理论水平，进行国际化交流的活动；鼓励教师进行创新活动，加强与国内外各高校、会计学术界的交流，拓宽教师视野，掌握专业发展的最新动态；注重教师实践能力培养，加强校企合作，同时将有实际操作经验的企业会计从业人员聘为客座教师。此外，学校还要努力建立"双师型"教师队伍。

9. 提高会计职业素质培养

（1）会计职业道德培养。职业道德教育是会计教育的首要问题，教师在传授学生会计专业知识的同时，也要教会学生如何做一个合格的从业人员。加强会计人才的职业道德素质，是会计事业发展的必然要求，也是重塑会计形象的必要路径。

（2）提高学生创新能力。创新是当今世界不可逆转的潮流，教育应该以培养具有创新能力的人才为目标，会计教育要从传授知识转变为培养学生独立的分析能力、创造能力和学习能力，使学生不断充实自己，提高学生对知识的适应能力。创新型会计专业人才的培养应根据"因材施教"的原则，发现和选拔具有创新素质的学生，为其提供优越的条件以促进其成长。会计教师应充分认识到在会计教育活动中学生是主体，教师是主导者。教师在教育过程中应积极引导学生主动学习、积极思考，充分调动学生的积极性、主动性和创造性，提升学生能力，尽快扭转传统教育中学生被动接受知识的现状。高校教师创新能力的培养可以为培养创新型人才提供坚实基础。

（3）提高会计专业人才国际竞争力。为了提高会计专业人才的国际竞争力，国家应实施人才国际化战略，在积极参与人才国际化竞争的同时，实施"引进来、走出去"的人才国际化竞争战略，广纳贤才，开展人才国际交流与合作，培养从事国际业务的国际化会计专业人才。提高人才竞争力是人才战略的核心目标和人才工作的核心内容，人才培养国际化是全球经济一体化的必然结果，现代经济是以知识为基础的经济，全球经济一体化是不可逆转的时代趋势。

10. 积极参与国际合作办学

经济全球化导致国际间的经济合作日益紧密，国际化会计专业人才的竞争也愈演愈烈。为了满足培养国际化复合型会计专业人才的需要，高校应该积极参与国际合作办学，以培养更多具有国际文化背景、精通中外财务知识和相关知识、精通国际会计惯例并能适应全球化经济发展要求的新型国际化会计专业人才。开展国际合作办学，引入高素质人才和先进的教育机制，借鉴国际上通用的办学模式、专业课程设置、师资培训、质量保证等方面的经验，是尽快提高我国会计高等教育水平和质量、增强国际竞争力的有效途径。国际化会计专业人才培养的根本目的是培养有知识、有能力、高素质的会计专业人才，面对复杂多变的国际社会经济环境，我们要贯彻国际化教育原则，培养学生适应国际化发展的能力，从而全面提高学生的综合素质，从容应对会计国际化带来的挑战。

三、独立学院会计专业人才培养模式

（一）我国独立学院会计专业人才培养模式构建的动因

目前，我国独立学院会计专业人才培养面临着诸多影响因素。

1. 知识经济的发展对会计专业人才培养提出了新的要求

知识经济是与农业经济、工业经济相对应的一种经济形态，是建立在知识与信息的生产、分配和使用上的经济。其最重要的特征是将知识转化为资本，成为经济发展的主要推动力。知识经济的到来，为各行各业带来了很大的变化，同时也给会计行业带来了巨大的冲击。

①知识经济时代要培养应用型会计专业人才是资本市场支配者和企业生命主导者的新型理念。随着经济体制的变迁，改革开放的深化，会计的职能和作用在潜移默化地改变。只能核算、反映、监督经济业务运行的全过程并反映经营成果的会计工作已不再适应知识经济条件下社会主义市场经济发展的需求。知识经济要求应用型会计专业人才转变工作理

念，树立全局观念，扩展企业理财思路，从微观的、具体的会计核算工作中解脱出来，投入宏观的、全面的企业管理工作中，支配资金运作，增强企业活力，成为企业利润的创造者，资本市场的支配者。

②知识经济时代计算机的广泛应用和现代信息技术的形成要求应用型会计专业人才熟练掌握会计电算化，具备运用会计网络传递会计信息的能力。会计电算化使会计由手工记账的"原始社会"进入计算机会计处理的"文明时代"。会计电算化实现了会计信息的瞬间无误处理，摆脱了烦琐的手工记账程序，提高了会计数据处理速度，保证了会计信息质量，突破了人工计算对计算复杂问题的限制，使原来为追求简便而简单化了的计算得到完善，使之能更准确地模拟和反映企业的经济运行过程。利用会计网络化实现会计信息共享是会计工作在知识经济时代的重要内容之一。会计网络化工作使全世界的投资者通过网络了解一个企业的财务状况和经营业绩，可以使企业将财务信息传递到世界各地。

③知识经济条件下计算机和网络的普及大大减少了会计核算的工作量，使会计工作的重心由核算转变为对会计信息的分析和财务管理，实现会计工作由核算型向管理型的转变。核算型会计转变为管理型会计，就是将会计工作的重心由传统的对会计信息的加工转变为对会计信息的分析、运用。在一个完善的资本市场中，会计的功能不仅仅是反映经营的成果，更多的是参与企业管理。知识经济时代是经济飞速发展的时代，是知识创造利润的时代，会计从业人员应运用客观、真实的会计信息进行财务分析、财务预测、财务决策，并将其运用于企业管理，不同层次的应用型会计专业人才应为企业创造不同的利润。

2. 经济体制改革改变了资源配置的市场环境

社会经济发展越来越呈现全球一体化的趋势。随着社会经济全球一体化进程的不断加速，世界各国的竞争日趋激烈。这种竞争也逐渐从传统的以资源、物质生产为中心的竞争转变为以知识、智力为主的竞争，表现为以人力资源为核心的综合国力的竞争。

①应用型会计专业人才培养目标的确立应充分考虑市场对人力资源需求的现状。"科学技术就是生产力"。在知识经济时代，社会经济发展的直接动力就是人，人是科学技术的创造者，是最先进生产力的代表者。应用型会计专业人才，是经济信息的主要提供者，是实施会计教育行为的结晶。我们研究市场对人力资源的需求现状，首先可以使社会得到所需的应用型会计专业人才；其次，可使学校实施的教育实现社会效益最大化。任何一种行为，只要能使社会效益最大化，即使没有眼前的经济效益，也会实现一种良性循环，最终实现经济效益和社会效益的最大化。

人力资源是相对于土地资源和水资源等物质资源的一个概念，属于无形资产的范畴，人力资源的价值是不可估计的，能创造出巨大的财富。

②经济体制改革使应用型会计专业人才的培养目标成为学校和用人部门共同确定和研究的问题。高校会计专业人才培养目标的确定要着眼于如何将培养的人才推向社会。将人才推向社会的方法很多，但最基本的方法是满足社会用人单位和部门对人才的需求，把学校的培养行为转变为学校和用人单位的共同行为。例如，将由学校招生实施教育，再把学

生推向社会的行为转变为企业定人才类型、规格、数量,委托学校招生和教育的"定单式"教育行为。

应用型会计专业人才后续教育培养目标的确立要着眼于如何提高学生的理论水平、实践能力,如何开拓学生的专业思路。经济体制改革和我国社会主义市场经济活动的发展使终身教育成为必然,后续教育是终身教育的重要组成部分,终身教育有被动接受和主动接受两种类型。

③只有完全摒弃仅依靠学校的力量培养应用型会计专业人才的思路,才能真正找到培养适应经济体制改革需求的应用型会计专业人才的途径。学校依托企业办学或干脆转变为企业办学校,成为应用型会计专业人才培养的主思路,应用型会计专业人才作为经济活动、经济信息提供的主体,其培养行为的市场依赖性将会更强。例如,现有经济发展条件所需的"收银员"与计算机技术普及前需要的"收银员"在知识结构、理论水平、操作能力方面有许多不同之处。社会经济发展改变了市场的"游戏规则",改变了市场对人才素质的要求,改变了应用型会计专业人才的培养目标。

(二)独立学院应用型会计专业人才培养模式实施要点

1. 强化实践环节

应用型会计专业人才最本质的特征就是专业素质高、动手操作能力强、通用适应性强。实践育人符合素质教育客观规律,有利于弥补教师在理论教学中对学生个性发展的忽视。学生可根据自身兴趣爱好及未来志向,有针对性地选择实践内容。教师通过实践环节可加深学生对理论知识的理解,提升学生知识应用能力,拓展学生职业适应能力。这是大学生个性化、社会化发展的必要途径。

2. 树立正确培养目标

我们应以市场需求为基础,以提高会计专业毕业生的核心竞争力为导向,以专业应用能力和基本素质培养为主线,通过学历教育与资格教育相结合、理论教育与实践教育相结合的方式构建高素质应用型会计专业人才培养模式。

(1)将学历教育与会计职业资格教育相结合,构建复合型理论教学体系。随着就业压力的增大,职业资格考试热潮已经波及大学校园。某权威网站的调查显示,CPA、ACCA被列为最受大学生青睐的证书之一。这对高校教育是一次前所未有的冲击和挑战。高校对此不能无动于衷,将会计职业资格教育融入会计学历教育中,不仅不会淡化应用型会计专业人才的培养,还可以优化应用型会计专业人才的培养模式,进而培养更多的、更优秀的高素质应用型会计专业人才。现在国内的会计职业资格分为两类:会计专业技术资格和注册会计师资格。与此同时,为给会计专业学生的就业创造条件,近年来各地相继出台允许在校大学生参加注册会计师统一考试的政策。

由此可见,学生之所以热衷于考取各种会计资格证书,实际上是因为就业的压力。就独立学院而言,如果能把会计职业资格教育融入会计学历教育中,不但可以丰富教学内容,还能为学生参加相应的会计职业资格考试提供便利,使学生毕业时就拥有相应的职业资格证书，提高学生就业的竞争力。

（2）将理论教学与实践教学相结合，构建系统性的实践教学体系。会计专业的学生不仅要有扎实的理论基础和专业知识，还要有较强的实践能力，使学生毕业后能以最快的速度和最短的时间适应工作的需要。学生实践能力的培养是一个系统工程，学校要提高学生的综合素质，培养具有创造性思维能力，能独立从事会计工作的高素质应用型会计专业人才，就要将各专业课程的理论与实践有机结合起来，形成一个有机的整体，对会计专业实践教学环节进行系统性的合理设计，并付诸实践。

3. 科学制订人才培养计划

课程体系是专业目标分解后的具体体现，是实施人才培养的主要载体，必须借助一定的教学活动才能够转化为学生的知识和能力。教学科目的排列组合要有一定的结构，该结构既要符合知识系统的科学性，又要符合学生的认识规律。课程体系是实现培养目标、提高人才培养质量的关键，课程体系是否科学、合理，对高校高质量实现人才培养目标有着决定性意义。正因如此，优化课程体系是人才培养模式改革的重点和难点。为了适应人才培养的多样性要求，根据市场对人才需求的变化做出快速准确的反应，独立学院应把课程体系分为普通教育课程、专业核心课程、专业方向课程三大模块。独立学院应突破传统会计专业的狭窄领域，以广阔的学术视野适应社会多样化、复杂化的发展趋势。教师应在教学中增加应用性内容和实践性环节，强化学生的实践和岗位适应能力，同时加强教材建设，要编写、使用符合独立学院定位、培养目标的系列教材。

4. 改进教学和评价方法

以我们的课堂教学感受和经验而言，独立学院会计专业的学生，对长篇大论的说教式课堂教学不感兴趣，甚至可以用讨厌来形容。这跟他们的特点有很大关系：思维活跃，具有较强的活动能力和社交能力，有表达自己观点和诉求的强烈愿望。因此，改进教学和评价方法应考虑以下几个方面。

（1）改进教学方式。教师应推行案例教学，提高学生分析问题与解决问题的能力。案例教学是理论联系实际的一种最好的教学方式，能使教师的教学更加贴近实际。通过对实际案例的讨论与分析，教师可以使学生将书本上的知识运用到案例当中，提高学生分析问题和解决问题的能力。这样不仅可以激发学生的学习兴趣，还可以提高学生对知识的综合运用能力，也有利于提高学生的语言表达能力。这对于培养高素质应用型会计专业人才来说是不可缺少的。因此，我们必须投入一定的人力和财力，组织教师编写适合自己教学需要的会计、审计和财务管理等课程的案例教材。

（2）紧密结合人才培养目标，系统规划各门课程的考试制度。传统会计考试大多是考查学生对知识的记忆情况，而不是运用知识的能力。这不利于考察和训练学生的发散思维和创新思维，既不符合信息时代的要求，也不符合素质教育的要求。

高素质应用型会计专业人才培养模式的考试命题应根据课程所涉及的知识、能力、素质的要求，对学生的知识、能力、素质进行分析、细化，然后确定课程效果的评价方法和考核大纲。考试内容应反映学生基础理论和基本技能的掌握情况以及分析与解决问题的综合运用能力,而不是课堂教学内容的简单重复;教师应多给学生提供探索的机会,鼓励学生独立思考、标新立异,有意识地培养学生的创新意识和创新能力,使考试真正全面测试评价学生的知识、能力、素质。

(3) 完善教学评估体系,进行科学管理

独立学院是新生事物,没有成型、成功的东西可以借鉴,在独立学院中使用不完善的评估体系会挫伤教师的积极性,而且所造成的影响在短期内不容易消除。其中典型的就是学生评教,在重点高校中,学生总体素质较高,在给任课教师打分过程中,理性是占上风的,因此评价结果是较为客观公正的。而在独立学院,由于学生素质的不同,在给教师打分的过程中,部分学生可能把个人好恶放在第一位,如果所有学生评分都起作用的话,评价的结果就难以预料,可能会影响教师的积极性。

5. 建设与办学特色相适应的师资队伍

(1) 利用母体高校的人才资源。独立学院之所以在短期内得以兴办并发展壮大,是因为在师资队伍建设方面依托母体高校得天独厚的师资条件,分享了母体高校的良好师资声誉。独立学院要充分利用这一优势,合理调配和有效利用母体高校的教学资源、人才资源,有计划地聘请母体高校的教师兼任独立学院的教学工作,解决独立学院师资队伍建设的需求及提高学术水平的需要。

(2) 聘请离退休教师。离退休教师中的大多数既有健康的身体,又有丰富的教学、科研经验,完全有能力和精力继续工作一段时间,在自由度方面也有一定的优势。刚刚起步的独立学院可以充分挖掘和发挥他们的潜力,这样不仅能够解决师资紧缺的问题,还能够利用老教授的威望和影响,扩大学院的知名度,建立一支兼职教师队伍。同时,独立学院通过对年轻教师在教学、科研上的培养和监督,加快优化教师队伍的整体构成。

第二节 应用型会计专业人才培养的实施路径

一、会计应用型人才的供给与需求分析

一般认为,我国会计学历教育有三个层次:第一层次为会计研究生的教育与培养;第二层次为会计本科生的教育与培养;第三层次为会计专科生的教育与培养。其中,第二层的大部分和第三层的全部都属于应用型会计专业人才培养。应用型会计专业人才培养体系中有三个相互作用的主体:高校、会计专业的学生和企业。站在人力资源市场的视角来分析,这三者中高校为人力资源的间接供方,学生为人力资源的直接供方,而企业则是人力资源的需方。本科、专科的会计学生,除少数人可以通过"考研""专升本"等途径继续学习外,绝大多数人必须面对就业市场。对他们来说,最迫切的需要是掌握走向工作岗位的知识和技能,毕业时能顺利就业,从长远来看他们需要具备长期发展的专业能力与素

质，使个人的职业生涯有一个美好的未来。对企业而言，选择人才的关键是看这个人有没有具备岗位所需的技能，能否为企业带来效益，其能力与素质能否与企业的长期发展相适应。基于以上分析，从人事匹配角度讲，学生与企业对高等教育的根本要求是一致的。其现状包括三方面：第一，当前各高校对毕业生的就业非常重视，但这种重视还停留在形式上，关注的是就业率，较少对隐藏在就业率背后的问题进行反思；第二，高校对学生的长远发展关注得少，很少思考高等教育对学生未来职业生涯的影响；第三，高校对企业的需求了解不足，将会计理论、方法和技能与会计工作分割开来，导致教育与实际脱节，使学生学而难以致用。因此，高校迫切需要与时俱进地对会计教育进行重新定位，并认真实施。

二、会计应用型人才的培养目标

高等教育因社会和人的发展需求而存在，又因社会和人的时代变迁而变革。会计是与社会经济发展关系极为密切的工作，我们要培养能为社会服务的应用型会计专业人才。首先，高等会计教育应当强调其社会服务功能。在确定会计应用型人才的培养目标时，我们应该进行社会调查，在调查分析的基础上按社会需求确定培养目标，并且这一培养目标要随着社会需求的变化而不断调整。其次，高等会计教育应当关注学生的长期发展。应用型会计专业人才的培养目标是使所培养的会计专业人才既通晓会计理论又擅长会计实践，不仅能较好地利用会计理论指导会计实践，还要具备在未来工作中将实践经验升华为理论，以更好地解决实际问题的能力。基于此，我们主张会计应用型人才的培养目标应该是培养适应社会发展需要的，理论基础扎实、知识面广、专业能力强、素质高的，具有终身学习本领和应对复杂变化环境的，具有良好职业道德的，能从事会计实务工作的应用型岗位人才或者具有复合知识技能的操作型人才。

三、培养会计应用型人才的路径

（一）厘清教育理念

教育理念是决定教育模式、内容和方法的根源，也是实施教学改革的动力所在。只有更新教育教学思想观念，正本清源，才能实现新旧教育体系的转换、教学手段的现代化、育人模式和方法的科学化。

1. 践行"育人为本"的理念

"育人为本"，这里的"人"是受教育的会计专业学生。我们要真正突出学生的主体地位，无论是学校的管理还是教师的教学、科研，都应该围绕这个根本主题，切实把会计专业人才的培养质量视为生命线。

2. 强调"全面育人"的理念

学校要坚持专业教育与通识教育的结合，以会计专业教育为主，同时加强人文科学、经济学、管理学、数学等方面的教育，以丰富会计专业教育的内涵，促进学生的全面发展；教师要坚持技术与道德的融通，以会计操守、会计职业道德教育为先，将会计知识教育、能力教育融为一体，培养学生健全的职业人格。

3. 坚持全面发展与个性发展相统一的理念

在全面育人的同时，教师要因材施教，启发诱导，最大限度地挖掘学生的潜力，促进学生的个性得到充分而自由的发展。会计高等教育不是培养"标准化"的会计专业人才，也不应该是"千人一面"，在"厚基础"的前提下，会计高等教育要结合学生的兴趣实现"多方向"。

(二) 革新培养模式

一定的培养目标要求一定的培养模式与之相适应，目标的调整势必引起人才培养模式的革新。教育教学要更多地以就业为导向，花大力气提高学生的社会实践能力、职业发展能力和创新能力。

①实施会计理论与会计实践教学相结合的模式，培养学生的职业适应能力与专业发展能力，满足"强能力、高素质"的要求。会计理论与会计实务之间有密切的关系，娴熟的会计操作建立在扎实的会计理论基础之上，理论能使会计更好地履行职能。但理论最终是用于指导会计实务的，教师需要通过实践教学让学生知道如何运用理论解决实际问题。因此，高等会计教育不能只讲理论，也不能只教实务，二者合理结合才是科学的，最终目标是将理论知识转化为学生解决实际问题的能力。

②实施学校培养与社会培养相结合的模式，实现高校教育供给与社会要求的和谐统一。会计专业人才的培养应以学校培养为主体，但不是关门办教育，毕竟培养的人才是为社会服务的。

在会计专业学生的培养中，学校可以引入初级会计师考试的内容，在注册会计师专业学生的培养中，引入注册会计资格考试的内容，力争让学生在校期间就取得相关资格证书，为就业铺平道路。学校要充分发挥假期社会实践与毕业实习的作用，将这两项内容纳入学生的评价体系，并适当增加其权重，而不应该让假期社会实践与毕业实习流于形式。假期社会实践与毕业实习，一方面可以让学生了解社会，体验会计实务工作，找出自身的不足，有利于他们主动学习；另一方面，高校可以对相关资料进行整理、分析，发掘企业对会计专业人才的具体需求，改进培养模式和方法，更有效地为社会服务。

③实行通识教育+会计大类教育+会计方向教育的培养模式，实现"厚基础、宽口径、多方向"的培养原则。学生在校学习可分为通识教育、专业理论基础知识教育、专业方向选修教育和综合能力形成四个不同阶段。学校通过非专业性的通识教育，可以培养出身心健全的个人和社会公民，让学生领会"做人之道"，形成健全的人格。通过专业理论基础知识教育，学生可以打牢专业知识基础，获得专业特质，精通会计的"做事之法"。专业方向选修教育阶段，学校结合学生的个性、兴趣，可以开设金融会计、税务会计、会计电算化、国际会计等方向的课程，供学生自由选择，培养学生特有的专业特质，实现"差异化"培养。最后，学校通过校内的实践教学、校外的社会实践和毕业实习、毕业论文撰写

等环节，促使学生将已学的理论知识转换成综合能力，提升自身专业素质。

（三）完善教学内容

教学内容和课程体系是会计专业人才素质培养的主要落脚点。传统会计专业教学计划把课程分为公共课、专业基础课和专业课三个层次，只关注知识的系统性、学科的完整性，没有重视学生实际操作能力的培养，没有考虑用人单位的需要。

①优化理论课程体系，压缩必修课程，增加选修课程。会计专业的理论课程包括学科基础课程、专业基础课程和专业方向课程，其中学科基础课程、专业基础课程应为必修，而对于专业方向的课程学生可根据兴趣进行选修。基础课有利于培养学生扎实的会计相关知识，使学生养成科学的思维方法，掌握会计核算和财务管理的基本技术，因此，学科基础课程设置要朝宽口径的方向发展，专业基础课程设置要朝少而精、厚实的方向努力，专业方向课程设置要有方向特点，能培养学生的专业特长。

②增加实践课程，完善实践课程体系。突破实践环节是实现会计应用型人才"强能力、高素质"的关键，其任务是使学生把学到的会计知识转化为个人专业能力，使学生学以致用。实践课程体系包括毕业实习、毕业论文、社会实践、校内模拟实习。鉴于目前会计毕业实习的特殊性和困难性，实践课程体系应加强校内模拟实习课程的开发与完善，校内模拟实习课程的设置应朝系统性、仿真性的方向发展。

（四）更新教学方法

教学效果的好坏，取决于教师怎么教和学生怎么学，而学生怎么学也需要教师引领。对教师而言，探寻有效的教学方法和手段是一个永恒的话题。

1. 要坚持"以学生为中心"原则

以学生有效学习为基点，教学方法的选择要重点关注如何让学生学得更好。教师要强调学生的主体地位，强调教学过程的师生互动、双向交流，并给学生保留一定的独立思考空间。教师要关注学生的心理需求和个性差异，在教学中有针对性地加以指导，传授学生正确的学习方法，让学生带着兴趣主动学习，提高学习效果。

2. 要关注会计及会计教学的特殊性

会计是一种重要的商业语言，汇集了商业活动所有的经济元素。会计教学通常采用文字表达经济业务、T型账户讲解会计处理的教学模式，有其特殊性和规律性。因此，会计教学方法、手段的选择要慎重。"填鸭式""满堂灌"的会计教育显然不符合高素质人才培养要求，学校应大力推行以问题为导向的讨论式教学、以启迪思维为目标的启发式教学、以拓宽视野为宗旨的讲座式教学、以发现和解决问题为目的的案例教学、以培养综合能力为主旨的研究式教学。

3. 应恪守"授人以鱼，更授人以渔"的理念

会计教学要由以单一"传授知识"为主变为"传授方法"为主和"增强能力和素质"为目标。对一个人终生有益的是知识，但更有益的是学习方法。学无止境，我们掌握学习知识的方法便可与时俱进。教师要从"传授知识"转变为"传授学习方法"，让学生逐渐

养成自我学习与不断更新知识的习惯。只有这样，学生才能适应经济社会的快速发展，职业生涯才能全面可持续发展。

（五）改革实践教学

教师要着重培养学生在基层单位或第一线的工作能力。因此，教学计划要调整课堂教学和实习实训的时间比例，加强实践教学、现场教学，注重会计专业学生的专业技能训练。

1. 完善实验室的硬件设施

教材、教师都是实践教学开展的软环境，而承载实践教学的实验室是硬环境，三者缺一不可。实验室硬件建设如果跟不上学科教学科研、人才培养发展的步伐，无法适应学科发展的需要，就会制约高校实践教学的开展。

2. 加强实践教学的改革研究

目前，许多高校会计专业开设了实训课程，但这些课程是分割的，缺乏系统性。教师要基于会计工作过程导向原则，依据系统论观点进行重新设计，使课程之间相互联系、相互作用、形成整体，要注意实践教学的先后顺序，合理安排教学时间。

3. 加强实践课程指导教师的培养

实践教学中，教师的作用是十分独特的。他们不仅是讲解者，还在不同阶段扮演着调动者、观察家、引导者、业务顾问、分析评论员等不同角色。这要求指导教师不仅要有深厚的理论功底，还得有丰富的实务工作经验。从目前情况来看，高校不缺理论功底深厚的教师，但具有丰富实务工作经验的教师却不多，有必要加强教师这方面的培养。

4. 注重实践教学课程教材的开发、修订与完善

实践教学的开展离不开好的教材，教材的内容、设计影响教学效果。实践教学课程的教材内容应反映企业资金运转全过程，要体现企业各种财务关系。

（六）强师资培养

教师队伍教书育人的能力与水平，事关人才培养的质量。以培养应用型人才为主的大众化高等教育，要求专业教师"能文能武"，成为复合型的"双师型"人才。因此，高校提升教师的教书育人能力，加强师资培养，改善师资结构势在必行。具体有以下几方面。

①师资队伍建设坚持"德才兼备、以德为先"原则。"德"，是"才"的方向和灵魂，是"才"发展的内部动力。只有树立师德，明确教书育人是教师的根本责任和使命所在，教师才会有荣誉感，才会有事业心，才会有认真教书育人的动力。因此，师资队伍建设首先要摒弃一些教师心浮气躁的心态、急功近利的想法、弄虚作假的行为，使教师把全部心思凝结在立德树人上，其"才"才能得到充分发挥。尤其是会计以"诚信为本，操守为重"，如果教师做到"师爱为魂，学高为师，身正为范"，那么良好的师德就会引导学生形成良好的会计职业道德。

②大力培养"双师型"专任教师，实施专任教师"走出去"战略。教师除了学科继续教育以外，还应到企业进行技能训练或挂职锻炼。教师职称的晋升不能光看，教师论文

发表数量,还要看其与用人单位合作指导学生实习、实训的能力等。学校在加强教师理论水平和实践能力的同时,还要鼓励其参加会计专业技术资格考试,取得会计师、注册会计师、注册资产评估师等资格证书,使其达到教育对"双师型"教师的要求。

③"外聘"兼职教师,丰富教师队伍构成。学校可以从企业聘请一定数量且经验丰富的高级会计师、注册会计师来校兼职,承担一些课程的教学任务,相互交流以带动校内会计教师素质的提高。

④建立促进教师努力教书育人的激励制度和文化氛围。在制度上,一方面,高校要鼓励教师履行职责,改善教师学习、工作和生活条件,让教师全身心投入本职工作。另一方面,高校要建立公正合理的教师绩效考评办法和评聘机制,激励教师不断进步与革新。从文化上,高校要加强校园文化建设,养成统一的崇尚教书育人的价值和信念体系,形成潜心育人的文化氛围。

(七) 评估人才培养绩效

人才培养的绩效评估是人才培养中一项必不可少的工作,我们通过绩效评估可以发现问题,找出薄弱环节,完善、改进培养方案,更好地服务社会和培养人才。检验会计应用型人才培养是否成功,主要标准包括:①会计专业人才切实满足社会的需要。应用型会计专业人才的毕业去向就是走向社会,找工作,因此就业是检验人才培养效果的一把尺子。只有绝大多数毕业生顺利就业,并且得到用人单位的认可,才可以说会计专业人才的培养是成功的。②会计专业人才有良好的职业发展能力。从学生个体的角度看,学生接受高等教育的目的是获取知识和能力,以备将来能立足社会,谋求良好的事业前程,因此,能否为学生的职业发展奠定坚实的基础,是检验人才培养效果的另一把尺子。

第三节 会计教学改革的发展思路

一、会计教学形式的改革路径

(一) 互联网教学形式改革的重点

在知识已取代劳动力成为经济发展战略性资源的当今社会,经营、管理、技术的创新和发展,依赖于高素质的人才。高等教育作为人才培养和学术研究的重要阵地,承担着知识生产、传递和转换的重大责任。如何适应知识经济的需要,培养高智商、高情商的高素质会计专业人才,是高等会计教育面临的首要问题。

1. 能力素质是高素质人才培养的核心

所谓高素质会计专业人才,是指智商、情商协调发展的优秀人才。智商是成功的前提,表现为在意识上善于吸取知识,并能融会贯通,运用于实践,实现跨领域思考。情商一般包括自我觉察、自我表达、自我激励、自我控制等方面,具有一定的可塑性,环境和教育对一个人的情商有很重要的影响。情商高表现为有正确的价值观与职业观,懂得包容，擅长沟通，既灵活应变，又能分辨是非、辨别真伪。

人才培养应包括知识、能力、素质这三个基本要素，我国高等教育经历了从重视知识传授到关注能力提高再到强调素质教育的过程，现在逐渐形成有知识、强能力、高素质三位一体的新型培养模式，这也是对教育本质的深刻认识。知识是人类认识世界与改造世界的智慧结晶，也是能力和素质的基础；能力是人们胜任某项任务的主观条件，是对知识的内化、转化、迁移、融合、拓展、创新水平的高度概括，是知识和素质的外在表现；素质是指在自然禀赋的基础上，通过后天环境的影响以及主体参与教育活动和社会实践而形成的比较稳定的、符合群体化要求的素养和品质，素质的基本要素是知识和能力。

未来人才素质的差别，不仅表现在专业知识上，更表现在人才的专业能力和职业能力上，其中创新能力居于重要地位。会计专业学生不仅要有宽厚的基础理论知识、扎实的专业技术知识，更要有较强的、多层次的综合能力，这是衡量高等会计教育能否培养高素质人才的重要尺度。高素质必须强能力，强能力才能有知识，因此，能力素质是高素质人才培养的核心。评价一名合格的会计专业人才，不仅要看他拥有多少会计知识，更要看他是否具备解决相关会计、财务、管理问题的综合能力。会计教育的目的在于帮助学生掌握这种能力，而不仅仅是学习、传承会计知识。高等会计教育应该培养社会需要的高素质会计专业人才，并在培养学生的专业能力、职业素质方面有所作为，变知识驱动型培养模式为能力驱动型培养模式。

2. 应用型人才的培养形式

对于高校来说，"后大众化"时期，会计专业培养目标主要是培养应用型人才，要解决的是大多数学生的就业问题，培养学生的就业竞争力，把职业优势、就业优势、创业优势作为特色追求。会计专业学生不仅要面对学习中的问题，还得面对就业、人际交往、经济、家庭等方面的问题，需要各种职业能力的支持。我们不可能完全预见未来的职业取向或职业变化，为了自身的生存和发展，会计专业学生需要掌握核心能力。这些能力可以概括为信息能力、表达能力、沟通能力、职业能力和创新能力。

（1）信息能力。信息能力是指个体有目的地搜集、鉴别、存储、利用信息过程中所具有的复合型技能，是信息时代人们赖以生存、学习、工作的必备条件，也是会计专业人才素质结构中最基本的能力要素，主要包括信息意识、信息技术、信息品质等方面的能力。

会计工作的重要性不仅仅在于反映经济形象、描述经济行为，更重要的是在纷繁复杂的信息世界中，通过有效的方式，高效地查阅、提炼、组织有用的信息解决问题。据有关资料统计，现代企业在管理上所需的信息有70%来自会计部门。

（2）表达能力。表达能力是指人有目的地运用语言、文字、图表准确阐明观点和意见、抒发情感的技能。表达能力的高低直接影响人的生产生活质量。表达能力成为会计专业学生必须具备的重要能力和基本素质，主要包括语言表达、文字表达、图表表达等方面的能力。准确的表达能力是培育学生有效沟通能力的前提。

（3）沟通能力。沟通能力是指人在事实、情感、价值取向等方面有效地与人交流以求思想一致和信息通畅的社会能力，主要包括组织、授权、冲突处理、激励下属等方面的能力。沟通是不同主体之间信息的传递，沟通能力的培养和教育可以使学生吸收与转化外界信息，理解和调节他人情绪，与他人合作，妥善处理内外关系。良好的沟通能够促进学生与他人和谐相处，创造性地解决人际关系问题，是事业成功的重要条件。

会计是国际通用的商业语言，企业利益主体的多元化，使会计工作处于内外错综复杂的关系中，只有在良好沟通下，才能提供准确、及时、有用的会计信息。会计工作岗位既分工明确，又相互联系，从凭证填制到账簿登记，从成本核算到财产清查，直至会计报表的编制，各环节紧密相连、互相承接，需要各会计岗位人员通力配合、团结协作、共同完成，才能发挥会计信息的沟通效能。

（4）创新能力。创新能力是指由一定的知识、方法、思维、人格等共同构成并相互作用，产生和获得一定新技术、新经验或新思想的复杂能力，这种能力的发展有一个由低到高的过程，主要包括应用创新能力、集成创新和再创新能力以及原始创新能力等方面。创新能力是高素质会计专业人才培养的价值追求目标，其形成与教育方式、方法密切相关。

（二）互联网时代会计教学形式的改革

1. 教学主体学生化

传统的会计教学理念以教师为中心，教师集制片、导演、演员为一身，学生是观众，在这种教学模式下，学生的地位是被动的，课堂气氛是沉闷的，造成学生缺乏创造性思维，分析问题、解决问题的能力低下。尽管大多数教师将计算机多媒体技术应用于会计教学，使会计教学的手段发生改变，但新的问题也随之出现，最典型的问题是由于教师课堂板书量的减少，课堂上讲述的内容以演示文稿的方式呈现，导致课堂教学的知识和兴趣点转移。

互联网时代，会计教学模式的改革首先要转变的是教学主体。教师利用互联网技术可以让学生成为会计教学活动中的主体。教师是制片人和导演，学生要从原来的观众转变为演员，实现教学主体学生化。让基于知识传授的课堂教学方式转变为基于问题解决的课堂教学方式，即我们通常所说的翻转课堂的教学模式。具体的做法是教师将会计教学中知识性的内容以微课的形式通过互联网课程平台发布，让学生利用课余时间自己观看视频进行学习。每个学生可以根据自己对知识的掌握情况控制学习进度，没有学会可以反复学习，实现自主学习和个性化学习。课堂教学不再讲述知识性的内容，而是提出新的问题，让学生利用获得的知识去解决问题，通过解决问题的过程完成知识点的内化和提升。课堂教学的重点是帮助学生解决学习中遇到的困难和问题，教给学生解决问题的方法和思路，使教师成为学习的引导者。以问题为导向的课堂教学模式能促使学生进行更多的阅读和学习。课堂教学主体的转变可以激发学生学习的兴趣，培养学生分析问题和解决问题的能力。

2. 教学控制全程化

传统的课堂教学，教师能控制的仅仅是课堂的45分钟，课后学生做什么，教师没有办法控制和实施有效的管理。有人也会提出质疑，辛辛苦苦开发的课程资源通过互联网课程平台发布后，学生不看怎么办？如果学生不能自觉地在线下完成自主学习，翻转课堂的教学模式就无法实现，相当于导演让演员回家背台词，演员根本没背，戏就拍不下去。不能有效解决这个问题，翻转课堂就是空谈。那么如何解决这个问题呢？教师可以利用互联网的云技术，创建云班级，云班级以教师在云端创建的班群和班课空间为基础，为学生提供移动设备上的课程订阅、消息推送、作业、课件、视频和资料服务。云班级为教师和学生提供基于移动交互式数字教材的教学互动支持。教师在数字教材中标注阅读要求和学习要点，使学生在数字教材学习时可以查看教师的批注也可以在同学间分享笔记。教师可以查询学生的学习进度和学习记录，学生本学期进度和学习成效都能在手机 APP 里一目了然。到了期末，谁得高分，谁会被判不及格，就有了依据。学期末教师可以得到每位学生的学习评估报告，实现对每位学生学习进度的跟踪和学习成效的评价，激发学生利用手机进行自主学习的兴趣。云班级最大的优势在于可以发布丰富的教学资源。这些资源可以是自行设计开发的，也可以共享网络中的资源。它并不只是一个简单的手机 APP。通过对数字资源的不断开发，云班级将成为取之不尽用之不竭的资源库和实现教学全过程管理的有效工具。有了这样一个互联网平台，学生的手机将成为学习的工具，而不再只是用于聊天、玩游戏，教师手中的手机也将成为教学管理、课程建设的有力工具。这些智能化的电子设备才能实现真正的价值。

3. 学习情境混合化

在互联网时代，学习情境将呈现出混合化趋势，既有线上的课堂学习，又有线下的自主学习。互联网技术的深入发展和智能化电子产品的广泛应用使学生的学习方式变成移动式和碎片化，只要有网络，学生就可以利用智能手机在任何时间、任何地点进行学习，提高时间的使用效率，学习的方式更加自由和多元化，文字的课本、发布的视频、网络上的资源都可以利用。在同一个课堂上，有的学生可能在相互讨论，有的学生可能自己看视频，有的学生可能在静静地看教材上相关习题的讲解，用何种方式获取知识完全取决于学生自己的喜好。但无论用什么方式，要达到的目标是一致。这种学习情境的改变满足了学生个性化学习的需要，对激发学生的创造力、培养学生的创新思维有重要作用。

4. 考核评价多元化

目前，高校会计专业大部分课程仍采用传统考核方式，即课程的"平时成绩+期末闭卷成绩"，考核的内容主要是课堂和教材的知识，这种方式无法对学生职业能力进行评价。这种评价的方式的实质是结论性评价，通俗讲叫一考定终身。其弊端是考试时间有限，考试范围固定，以考核知识为主，无法对学生能力进行评价。这种考核评价机制无法适应会计应用型人才培养目标的要求。根据会计专业课程的特点，我们应借助互联网的课程平台，建立一个科学合理的考核评价体系。课程考核评价的方式应该从结论性考核向过程性考核转变，评价主体从以教师为主的单一主体向多元化主体转变，考核形式可以是计算机考试系统的在线评价，可以是教师的评价，也可以是学生之间的相互评价。考核评价的范围包括整个课程教学中学生的学习态度、学习表现、能力发展等方面，把学习过程和学习成果都纳入考核范围。考核评价不是为了难倒、考倒学生，而是为了明确每个学生在学习过程中哪些方面做得比较好，哪些方面还存在何种问题，学生应该如何解决，并对学生的学习过程给出指导。这种考核方式能够调动学生的主动性、积极性，使学习过程变得更加有趣、更加个性化，有利于促进学生能力的发展，也有利于更加全面地评价学生的综合能力。

5. 教学模式现代化

互联网技术和移动互联网的推广不仅是信息技术的革命，更是会计教学模式改革的引子。要促进会计教学模式的深化改革，我们在会计教学模式改革的探索与实践中还要注意以下问题。

（1）实现对知识体系的构建。在会计教学模式改革中，为了提高学生的注意力，教师将学生课前自学的内容，以微课的形式发布在课程平台上。它能解决学生注意力不能长时间集中的问题，但是也使学生获得的知识变得碎片化、零散。如何把这些零散的、碎片化的知识点串联起来，将这些知识点进行复原，按照会计学科的知识结构，构建完整的知识体系，是教师在课堂教学中要完成的首要任务。教师可以使用思维导图或知识结构图来实现会计学科知识体系的还原。

互联网时代，会计教学模式的改革是一项长期的系统工程，在具体的实施过程中可能会遇到新的问题，需要广大的会计教育工作者不断探索，不断总结，找到适合会计教学的新方式。

（2）实现对"翻转课堂"的有效管理。在会计教学模式的改革实践中，我们不能把翻转课堂简单地理解为让学生在课前通过观看微课视频自己学习，课堂上教师进行答疑解惑。如果只是简单地看视频，那么翻转课堂就和传统教学中的课前预习没有什么区别。在翻转课堂中，教师要成为学习的引导者，不再是"授之以鱼"，而是"授之以渔"，必须更加注重学生学习能力的培养。所以教师对翻转课堂做好课前、课中和课后的教学内容整理就显得非常必要。

教师要在课前精心设计学习任务单，及时发布课程资源，任务单中要明确学生线下学习应完成的具体任务，明确学生完成任务后要解决什么样的问题，学习中遇到困难应该如何解决，完成任务后会得到什么奖励，不完成任务会有什么样的处罚，这样学生的线下学习才能目的明确。同时，教师还要注意课程资源的发布必须及时，让学生有足够的时间完成任务，课中要设计针对性的案例，使学生自主学习获得的知识进行内化，线上课堂的案例或问题的设计必须有针对性和可行性。在教师的指导下，学生利用自己的知识积累解决问题，在解决问题的过程中实现对所学知识的内化，建立自己的知识体系。

教师在课后要设计综合性案例，实现知识迁移。学生获得知识的目的是提高自己独立解决问题的能力，综合性案例的设计是为了培养学生独立分析问题、解决问题的能力，帮助学生利用大数据分析的结果，辅助公司决策，以提高自身的竞争力。客户分群、客户行为分析、客户关系管理、市场营销、广告投放等企业核心业务越来越依赖对大数据的有效分析。如何从海量业务数据中挖掘存在价值的信息和知识，从而指导企业运营与决策，提高企业运营效率和盈利能力，成为每个企业都将面临的重要问题。会计专业与社会需求紧密结合，会计专业的人才培养具有明显的应用型导向，强调培养学生的实践和应用能力，使学生适应市场对人才需求的变化，培养学生知识迁移能力。

6. 课程资源的多样化

传统教学方式下，会计专业的教学资源主要是教材和习题。这些传统的教学资源无法满足翻转课堂教学模式的需要，以学生为教学主体的翻转课堂教学模式不是用视频和网络资源代替书本，而是对这些资源进行融合，使会计的课堂教学模式呈现立体化，线上课堂和线下课堂优势互补。我们要实现课堂的有效翻转必须做好课程资源的建设，课程资源建设是会计教学模式改革的基石，可以通过一些途径完成一系列现有资源的整合。国内的多数视频学习网站都有会计专业相关教学视频的免费资源，教师要充分利用这些教学资源，对这些资源进行甄别，筛选出适合教学对象的课程资源，推荐给学生观看，并设计好学生要完成的任务以及需要思考的问题。

同时，教师还要自行开发课程资源。由于每个学校办学特色不同，现成的课程资源并不能完全满足教学需要，学校还必须组织课程的主讲教师针对教学对象的特点，开发建设有针对性的课程资源。教师要对传统纸质教材和习题资源进行修改，使之符合新的会计教学模式的需要。在这种教学模式下，课程资源将呈现多样化的趋势，纸质的教材、习题、微课视频、动态开放的慕课资源都将成为课程资源。可以说，脱离课程资源建设，翻转课堂教学模式就没有了实施的基础。

二、会计教学资源的改革路径

（一）会计学科网络教学资源的建设策略

会计学科网络教学资源是指基于网络的会计专业教学材料，即基于互联网运行的会计学科信息化教学资源。作为一门热门学科，尤其是实践性和应用性特征明显的学科，会计与计算机、网络的关系十分密切。计算机在会计工作中的应用带来了会计数据处理技术的革命，成为会计发展史上的一个重要里程碑。随着计算机和网络技术的迅速发展，计算机和网络在会计工作中的应用范围也在不断扩大，作用也在不断提升。时至今日，计算机在会计领域的应用已从最初的单个功能模块发展到集会计核算、会计管理以及预测与决策等功能于一体的综合性软件系统，并实现了网络化管理。与会计学科的发展动态和教育信息化发展趋势相适应，会计学科专业教学对网络资源的使用也十分普遍。会计专业精品课程、网络课程、会计学科专业网站等，使会计学科的教学资源得到了极大丰富，学生的学习自主性得到了增强，并且教学效果也得到了提升。但是不可否认的是，当前高校会计学科网络教学资源建设也还存在一些问题，需要我们加以关注和解决。

1. 会计学科网络教学资源建设的意义和作用

首先，网络教学资源使会计学科专业教学形式和内容得以丰富。网络教学资源的首要特征是丰富性。会计网络教学资源将大量教学资源以网络的形式展现，改变了传统"纸质教案+多媒体课件"的教学资源形式，使学生可以浏览、观看、下载各种专业教学课件和图文资料，使教学形式多样化。另外，网络教学资源及时将最新的信息以最便捷的途径呈现在使用者面前，使会计专业学生迅速获得最新、最前沿的专业信息资源，使会计专业课堂内容不再局限于已出版的教材，将教师和学生的目光转向对业界最新知识和技能的了解和学习上，使教学内容大大丰富且更具有前瞻性。

其次，会计学科网络教学资源的建设和使用使学生学习的自主性增强。高等教育的改革目标之一是培养学生自主性学习习惯，即促使学生从"应付学习任务"向"怀有愉快期望主动学习"转变。网络是当前学生最感兴趣的媒介，网络教学资源的使用能激发学生探究专业知识的欲望。教师应通过网上讨论培养学生思考的习惯，通过形式多样的互动式教学使学生摆脱传统的填鸭式课堂教学模式，强化师生之间的互动，激发双方的主观能动性，使学生学习的自主性增强。

最后，会计专业网络教学资源的使用使学生的专业技能得以增强。会计是一门应用性很强的学科，单纯的课堂学习仅从理论上对专业知识进行讲授，对学生实践知识的运用却未能很好予以指导。会计专业网络教学资源的建设可以有针对性地强化学生对会计知识的实践应用，可以模拟企业实际会计工作环境，增强学生的专业技能。

2. 会计学科网络教学资源的不足

（1）网络教学资源"静"多"动"少。在高校信息化建设的大环境下，很多财经学校的会计学科网络教学资源都得到快速开发、建设和使用。但是，从网络教学资源提供的情况看，现有会计学科网络教学资源中大部分是文本教学材料，很多内容是教材或授课内容的简单重复，且以静态的形式呈现。而教学是一个动态的过程，是学生提出问题、解决问题、再产生疑惑和再次解惑的不断循环的过程。静态的信息可以满足会计专业学生对学习的基本需求，但无法满足他们在学习过程中产生的个性化学习需求。当前"动"少"静"多的会计学科网络教学资源不能为学生提供及时的自主学习支持服务。

（2）网络教学资源建设"各自为战"。当前，高等教育会计学科的很多主干课程，如"基础会计""财务会计""财务管理"等都是校级、省级甚至国家级精品课程。精品课程网络验收模式推动了网站建设，充实了会计专业教学资源。但是，精品课程网站建设更偏重于展示而忽略了与学生的互动。很多高校开设的网络课程由于更具互动性，从一定程度上弥补了精品课程资源的不足，但这些网络课程的开发一般是由任课教师自行组织的，教师各自为战的情况比较明显，加之网络课程偏少，使网络课程之间、网络课程与精品课程之间未能有效整合，缺乏协调性和统一性。

（3）网络教学资源整体设计水平有待提高。由于经费的限制和会计学科的专业性要求，当前会计学科网络教学资源建设的主体绝大部分是专业教师或教师团队。这些会计学科专业教师或是以精品课程为契机，或是以网络课程建设为着眼点，进行网络教学资源的建设和开发。这些专业教师具备丰富的专业知识，但对互联网、信息化建设等方面的知识不太熟悉,导致其开发的网络教学资源的整体设计水平不高,影响使用效果。

(4) 网络教学资源设计忽略了对学生学习过程的监控。会计学科网络教学资源建设的最终目标是向学生提供形式丰富的学习资源,让学生坚持学习并取得良好的学习效果。为达到这一目标,教师不仅需要在各专业网络课程建设中添加形式多样的学习内容,还应注意设计相应教学环节,安排学生充分利用网络资源开展学习任务。当前很多网络课程对学时安排、学习方法的介绍是基于传统经验的,没能根据网络环境的特点进行系统和有针对性的设计。也有很多网络课程强调学生的讨论、互动,但因网络教学资源使用的发散性和对学生学习过程的监控不力,影响了会计学科网络教学资源的最终使用效果。

(5) 网络教学资源所提供的便捷下载可能导致教师教学分析能力下降。众所周知,会计学科网络教学资源信息量丰富,相关课程的教案、课件、习题等静态资料充足,下载便捷,这从一定程度上缓解了教师对教案重新编写的工作。然而,正是这些便捷的网络资源助长了一些教师的教学"惰性"。这些教师不仅不编写教案,还不制作课件、不出新习题。一些教师"拿来主义"思想严重,在教学准备过程中"偷懒",不再根据课程特色、学生特点和自身情况设计教学模式和思路。长此以往,教师的整体教学能力和教学效果堪忧。

3. 会计学科网络教学资源的建设策略

①以目标为导向构建会计学科网络教学资源体系,整合现有资源,逐步建设和完善网络教学资源体系。当前的会计学科网络教学资源比较分散,大多处于教师自建、自管、自用的状态,缺乏整体规划。所以,教学目标的确定是建设网络教学资源的第一任务。我们要以目标为导向构建会计学科网络教学资源体系,理顺并整合已有的精品课程、网络课程、学科网站等,注意调整和删减专业主干课的重复部分,逐步增加和完善专业选修课内容。与此同时,每位教师可根据自身特点和学生特征对网络资源进行调整,保障网络资源的共用和可循环再利用。

②以精品课程为基础丰富网络教学内容,增加多种素材充实"动态"资源。随着高等教育实施的"质量工程"改革项目的启动,高校精品课程建设已取得一定的成果。精品课程是集优质师资、高水平教材、先进教学理念和良好教学效果于一体的专业主干课程,最能体现会计专业核心知识。会计学科网络教学资源建设应以现有的精品课程资源为基础,充实和丰富网络资源的教学内容。同时,为了弥补精品课程资源"静"多"动"少的不足,教师应在会计学科网络教学整体资源库中,增加更多专业课程的文本、图形、视频等素材,设置"讨论与互动"模块,充实动态资源。

③提高教师信息水平,变"拿来主义"为"拿来思想"。在信息化高速发展的当今社会,会计学科专业教师的信息化水平不仅直接决定了网络教学资源的建设水准,还会影响网络教学资源的使用效果。所以,学校有必要通过培训、进修和其他方式的学习,提升专业教师的信息化水平,从而提高网络教学资源建设水准。除此之外,在网络资源使用过程中,学校应引导教师以现有网络教学资源为依据进行特色调整和开发,摒弃"拿来主义",秉持"拿来思想",通过网络资源这一手段促进教师教学水平和教学能力的提升。

④增加互动和在线任务等教学环节，注重监控学生的学习过程。为了使学生学习的自主性得到充分发挥，教师应在会计学科网络资源体系中添加形式多样的学生自主学习内容，运用"启发式"和"以问题或案例为切入点"的教学思想和教学方式，设计各种类型的学习任务，控制学生的学习过程。如教师通过发布通知、在线完成作业、在线期中考试、案例讨论、跟帖参与讨论等，对学生的学习进行必要的督促。同时，对于重点知识内容教师还可以提出更高要求，如学生没有完成必要的学习任务就不能进行下一阶段的学习，从而在一定程度上监督和控制学生的自主学习。

（二）基于互联网的会计教学资源库建设

1. 学习资源库

学习资源库为学生提供自主学习素材，主要包括文本资料、图片信息、音频或视频文件、虚拟实训内容、职业资格技能训练。来自企业及行业一线的实际案例库，能帮助学生实现学习能力的迁移。

2. 会计职业信息库

会计职业的市场需求面广，电商企业、物流行业、生态农业、互联网+制造业、商业、餐饮业、旅游业、咨询服务业、金融行业等都需要会计人员。但不同行业对会计从业人员的要求不同，对会计职业资格的要求也不同。此外，会计从业人员还要了解与自身权益相关的知识和法律条例。会计职业信息库要包含不同行业、企业信息，相关产品的流程介绍，服务内容，会计岗位描述等。

3. 会计专业建设标准库

当前是国家经济转型的重要时期，国家经济逐步完成从传统制造业和服务业向先进制造业和现代服务业的转型。培养优秀技能型会计专业人才是高等教育的目标之一，我们需要调研区域经济、行业发展和企业的需求，制定相应的会计专业人才培养目标及课程建设标准等。

4. 会计专业课程资源库

我们要根据企业需求，参考技能型人才的发展规律和会计职业生涯发展需求，以会计从业能力—初级会计师能力—中级会计师能力—高级会计师能力为基准线，设置会计专业课程，如会计从业能力的核心课程"会计基础""出纳实务"，初级会计师的能力核心课程"财务会计实务""纳税实务""会计电算化"，中级会计师能力的核心课程"中级会计实务""成本计算""财务管理"，高级会计师能力的核心课程"审计""财务报表分析""高级会计实务""管理会计"，特色行业会计的课程"物流会计""旅游会计""农业会计""金融会计"等，建立会计专业课程资源库。会计专业课程资源库包括精品课程、课件、电子教材、会计制度准则等。

三、互联网时代会计学科的教学管理

互联网时代的发展使会计教育产生深刻的变革，高校教师在这一过程中应该积极应对挑战，对新时期会计学科的教学管理工作提出新的要求。

（一）教学方式的改革与实践

大多数学生还不了解云会计、大数据这些新概念，更不清楚这些新事物给就业带来的机遇与挑战。当下很多学生对大学的学习还是依赖于教师的课堂教学以及教材的课本学习，或者选择培训班的方式应对会计的各种专业考试。这种上课、复习、考试的教育机制已经不能满足社会对学生的需求，高校必须培养学生对新知识的认知能力和独立自主的学习意识，教学方式的改革迫在眉睫。

1. 课程建设

在互联网时代，传统的课程建设显然已经不能满足教学需求，我们必须积极推进新的课程建设。首先，传统的教学资源比较单一，只有教材习题，而在互联网时代，我们可以借鉴微课、慕课、翻转课堂等教学方式，在课前录制短片供学生预习或者课后复习，也可以利用微信等软件进行习题的发布。其次，传统的教学方式都是教师讲，学生听，比较枯燥。在互联网时代，学生通过学习课前的短片有了一定的知识基础，教师可以只进行重难点的讲解，也可以组织学生进行小组讨论，相互交流彼此的观点，教师最后进行点评，提高学生学习的效率。最后，教师可以通过软件对学生答题情况做一个统计，找出学生的易错点，及时调整教学方法。

2. 培养学生挖掘网络资源的能力

随着互联网技术的快速发展与普及，当今大学生都拥有基本的上网工具，具备获取网络资源的条件。一方面，随着大数据时代的到来，会计专业学生可以不受时空的限制进行自主学习；另一方面，海量的会计数据又让学生应接不暇，如何快速查找并利用有效的会计资源进行学习是当前会计专业学生面临的困惑。首先，教师在教学的过程中可以鼓励学生主动关注与会计相关的专业机构的微博、微信等公众平台，接受专业的信息推送。其次，教师在教学的过程中可以开展数据应用实践，为学生提供专业网站的信息，如国研网、巨潮资讯网、东奥会计网校、中华会计网校等，充分培养学生利用大数据时代的优越性挖掘网络资源的能力。

（二）教学管理的改革与实践

为了与教学方式相匹配，高校必须建立相应的教学平台来辅助教学管理。教学平台应当包含以下几个方面的内容：第一，学生的管理类数据，包括学生的基本信息、考勤、作业、成绩以及该生在学校的各类表现等。第二，教师的管理类数据，包括教师的基本信息、教师备课的教案、教学进度、作业批改情况、辅导学生情况等。第三，综合管理类大数据，包括学校基本信息数据以及学校各项评比类数据等。第四，第三方应用类大数据，包括地图、天气、安全、网上课堂等教学资源。

参 考 文 献

[1] 罗妙华. 师徒制对会计专业学生知识转移的研究 [M]. 广州：广州中山大学出版社, 2021. 07.

[2] 康萍. 会计电算化 [M]. 重庆：重庆大学出版社, 2018. 04.

[3] 刘赛, 刘小海. 新时期高校会计教学创新改革与实践教学研究 [M]. 北京：北京工业大学出版社, 2021. 02.

[4] 李靖. 大数据背景下应用型人才培养教学模式创新研究以会计专业为例 [M]. 长春：吉林大学出版社, 2021. 01.

[5] 罗健, 刘小海. 会计教学改革新路径探索 [M]. 沈阳：沈阳出版社, 2020. 08.

[6] 董海慧. 应用型人才培养视角下的会计教学改革研究 [M]. 北京：北京工业大学出版社, 2020.

[7] 朱学义, 朱林, 黄燕作. 财务管理学 [M]. 北京：北京理工大学出版社, 2021. 01.

[8] 王玉梅, 曾瑶. 财务管理学 [M]. 北京：北京邮电大学出版社, 2020. 12.

[9] 王海燕, 王亚楠. 会计信息化教学研究 [M]. 长春：吉林大学出版社, 2020. 03.

[10] 罗伟峰. 高级财务会计教学案例 [M]. 广州：华南理工大学出版社, 2020. 05.

[11] 张卓. 财务会计教学案例 [M]. 广州：华南理工大学出版社, 2018. 07.

[12] 颉茂华. 财务会计教学案例研究 [M]. 北京：企业管理出版社, 2019. 11.

[13] 邓彦. 财务报表分析教学案例 [M]. 广州：华南理工大学出版社, 2018. 07.

[14] 徐璟, 吴国毅, 杨巧. 工业企业财务综合实训教学票样 [M]. 武汉：华中科技大学出版社, 2020. 08.

[15] 郭松克, 邱丹平. 会计学原理要诀 [M]. 北京：中国财富出版社, 2021. 09.

[16] 黄志芳, 谢辉, 何裕贤. 会计电算化 [M]. 延吉：延边大学出版社, 2017. 08.

[17] 杨保军. 财务管理专业实践教学指导书第 2 版 [M]. 银川：宁夏人民教育出版社, 2017. 12.

[18] 徐晔, 张文贤, 祁新娥. 会计学原理第 7 版 [M]. 上海：复旦大学出版社, 2021. 10.

[19] 蔡智慧, 绳朋云, 施全艳. 现代会计学与财务管理的创新研究 [M]. 北京：中国商务出版社, 2023. 01.

[20] 赵洁. 会计基础 [M]. 上海：上海财经大学出版社, 2019. 12.

[21] 濮丽霞. 会计基础 [M]. 兰州：兰州大学出版社, 2018. 09.

[22] 丁皓庆, 冀玉玲, 安存红. 现代信息技术与会计教学研究 [M]. 北京：经济日报出版社, 2019. 03.

[23] 梁丽媛. 我国高校会计人才培养与教学研究 [M]. 北京：北京工业大学出版社, 2019. 11.

[24] 何克理. 会计信息化 [M]. 上海：上海财经大学出版社, 2019. 11.

[25] 李峰. 会计学与财务分析基础 [M]. 上海：上海财经大学出版社, 2021. 08.

[26] 李华. 财务会计 [M]. 沈阳：东北财经大学出版社，2020.11.

[27] 陈沉. 会计学原理及教学案例 [M]. 广州：华南理工大学出版社，2020.05.

[28] 周兰，肖俊. 基础会计学 [M]. 长沙：湖南人民出版社，2020.09.

[29] 黄慧，杨扬. 财务会计 [M]. 上海：上海社会科学院出版社，2018.05.

[30] 吴应运，刘冬莉，王郁舒. 财务管理与会计实践 [M]. 北京：北京工业大学出版社，2018.12.